U0933051

序言

趋势、创新与共同体

趋势，是关于某个对象在时间维度上的发展变化方向。趋势研究，是通过持续追踪和比较所研究对象在过去和现在时间维度上的发展，发现其中所蕴含的规律，揭示未来变化的方向。基于影响力大小和辐射时间长短，一般可分为超级趋势（megatrend）、宏观趋势（macrotrend）、大趋势（trend）以及小趋势（microtrend）。按照对象的差异，也可以分为行业趋势（industry trend）、消费者 / 人群趋势（consumer trend）、社会趋势（social trend）与文化趋势（culture trend）。

长期以来，趋势被视为商业创新的重要源泉。但在过去，趋势驱动创新的相关工作更多局限在企业内部的战略部门。而在今天的商业竞争环境下，消费者趋势以及围绕人群的社会与文化趋势的重要性已经显著提升，成为商业创新关注的焦点。具体来说，围绕特定问题，寻求基于趋势的前瞻性洞察（foresight），展开战略规划，推动及时的创新实践，已经是日常决策重要方式，也是商业创新实践者需要具备的新能力。

“青年志”长期关注趋势追踪与创新行动机会。在“青年志”，我们相信“青年驱动改变”，相信年轻人群的变化将推动文化和商业的持续改变，带来挑战也带来机会。

“青年志”关心的是，在超级趋势和宏观趋势的基础上，持续追踪判断，年轻消费者以及围绕青年人群的社会和文化状况，有怎样的大趋势？又表现为怎样的具体小趋势？这些趋势可以怎样推动和启发商业创新？

围绕趋势与创新，我们做了大量实践。2008 年成立至今，“青年志”在日常商业研究和咨询项目中，极力推动基于趋势的前瞻性洞察，寻求具体创新机会类型的项目，与国际、国内顶尖品牌一起，做了大量实践。在此之外，我们十多年来持续对年轻人群的社会和文化趋势进行内部的系统追踪积累，同时对外发布趋势报告，帮助商业社会更好地推动创新。

早在 2009 年初，“青年志”就发布了业界最早的《中国青年趋势报告》，聚焦当时后奥运时代的 80 后青年。2012 年，“青年志”发布聚焦三、四线城市年轻人的《China Normal：谁是中国普通青年》报告。2013 年发布的《90 后青年：大时代里的小世界》是商业界最早也是最有影响力的 90 后研究报告。2018 年出版的《游牧：年轻人的消费新逻辑》一书率先系统地呈现了新的社会和文化语境下，青年趋势和商业创新的重要转变全景。此外，我们还发布了《中国年轻人性别气质多元化趋势报告》《中国青年创造力白皮书》《未来学习者学习趋势观察》《迷航：消失的年龄坐标》与《迷航：迷失的中产认同》等覆盖多个垂直领域的趋势报告。

今天，技术和媒介演进正在推动趋势不断进化。社会形态不断去中心化，赋能个体，正在形成更为开放和多中心的趋势生产、传播和创新机制。比起以往，趋势之间不断相互激发和融合，趋势更多元，更替周期更短，创新实践与趋势之间的距离更短，创新边界也更为模糊。

因此，商业和文化创新需要建设新的趋势与创新共同体。我们相信，在今天，趋势是可以被系统发现，更可以主动推动和塑造。因此，趋势追踪和创新探讨需要进一步开放和灵活，“共感、共谋、共建”，建立起生态化的趋势与创新共同体，从而推动文化和商业变革。2020 年 4 月开始，青年志发起了“趋势造浪营社群”，初步聚集近千名文化创造者和商业创变者。

从 2017 年开始，“青年志”每年都会举办青年日，联结商业品牌与青年文化生态，并发布“青年趋势与创新前瞻”年度报告。在本书的写作过程中，我们邀请了更多伙伴（包括场景实验室、TX 淮海｜年轻力中心、闲鱼、36kr、异视异色、西瓜视频、快手、摩登天空、伍德吃托克、LOFi、自雇自足、WhatYouNeed、公路商店、特赞、三声、真实故事计划等）成为“趋势联合观察者”，一同探讨和感知趋势，提名趋势前行者榜单，探讨创新可能。

《超感重码：青年趋势与创新启示》囊括 9 大趋势、42 个小趋势，系统描绘了在个体化演进时期，年轻人在生活、自我与社交的最新脉络，总结新时代图景下对于组织与个体的创新启示。

研究方法：

系统、框架、知

趋势追踪需要系统方法 (Methodology)：

趋势有迹可循，趋势研究可以系统进行。它需要从持续优化的高相关性渠道中，持续收集相对前沿的文化信号 (Signal)，持续梳理整合数据形成文化主题，寻求变化的蛛丝马迹，梳理文化脉络，并以系统的分析解读提炼文化趋势，做出综合性的创新启发判断。青年志建立了相对系统完善的方法论体系，也被很多国内外研究者以及商业客户认可。虽然我们在咨询项目中积累了与大数据结合的经验，也设有专业研究团队，但是日常趋势追踪与大数据的结合工作，还需要探索。

趋势研究需要扎根于长期积累的知识库 (Experience)：

趋势研究是基于过去，审视现在，展望未来，寻求变化方向的努力。因此，长期积累的相关领域的经验和知识，在判定什么是变化、哪些更为重要等问题上，变得尤为关键。我们参考了近年来重要的社会学与人类学相关研究成果、青年志团队内部多年持续积累的青年文化趋势追踪研究成果，以及青年志自己每年上百个最新年轻人商业研究和咨询项目的沉淀。

趋势研究需要严谨的分析框架(Framework)：

基于前沿数据，趋势分析需要过去和现在的知识与经验积累，更需要严谨的分析框架。青年志扎根于社会学与人类学，以冰山模型的总分析框架包含 25 个细分社会和文化领域的子分析框架，进行数据的日常处理。同时，也需要结合商业创新需求的分析框架，才能更好地应用趋势，推动创新落地。

趋势研究更需要开放的观察网络(Network)：

趋势研究的前端，是如何与瞬息万变的文化建立关联，以更早、更全面地收集到相关的前沿信号。除了通过研究和咨询服务与国内外顶尖企业的商业创新实践者建立联结网络，青年志也常年联结青年文化社群中的重要节点。他们包括平台组织运营者、创新实践者、观察者 / 研究者、前沿年轻人、活跃年轻人等不同类型。在未来，这样的趋势观察网络，需要与更新一代的文化与商业创造者紧密地联结，尤其是在本土品牌中小品牌风起云涌，年轻人创造力层出不穷的今天。

青年趋势与创新启示总览

自成立开始，青年志采取社会学与人类学的研究方法，记录与追踪中国年轻人群和青年文化的趋势变化，推动商业创新。我们始终认为，不管是“90 后”“95 后”还是“00 后”，他们都处于同样的历史进程中——中国社会个体的崛起，也就是学术界所称的现代化社会的“个体化”（individualization）进程。

具体来说，个体化是指个人从传统集体式的社会关系与结构中脱离，实现个体自治，成为拥有完整个人权利，并自主决策、自我负责的个体。换句话说，个体的崛起意味着：你自己来决定你要成为怎样的人，展开怎样的人生。

这份报告，我们仍然将从描述社会宏观环境的变化开始，理解年轻人所处的时代状况。接着，我们讲述在这样的时代状况下，年轻人产生的关键向往和焦虑的变化。然后，我们深入系统地讲解这些变化正在如何推动年轻人，在生活、自我和社交三大方面的具体观念和行动变化，以及有哪些值得探讨的商业创新启示。

围绕生活、自我和社交，今年我们发布了 9 大趋势以及 42 个小趋势。大家可以理解为青年志和作为联合趋势观察者的生态伙伴一起，画了一张 2020 年的风向趋势图，系统、前瞻地描述了我们所感知到的年轻人群和青年文化的最新变化。你也可以把它当成一张创新议程表，看看自己认可哪些、选择哪些，如何应用到你的产品、沟通和品牌的创新上，让我们一起共感、共谋、共建趋势。

需要说明的是，每年一次的趋势发布并不是把过去的趋势抹掉，一切改朝换代。而恰恰是要基于过去发生的脉络不断更新，系统理解年轻人正在行动的新方向。所谓变化，只有基于比较和延续，才能得到正确的理解和期待。

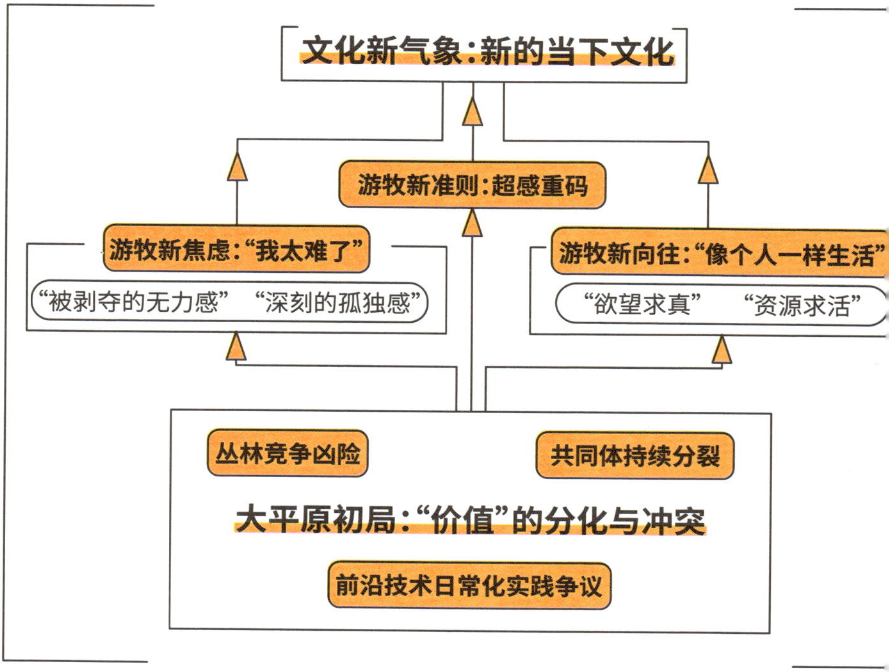

文化新气象：新的当下文化

游牧新准则：超感重码

游牧新焦虑："我太难了"

"被剥夺的无力感" "深刻的孤独感"

游牧新向往："像个人一样生活"

"欲望求真" "资源求活"

丛林竞争凶险

共同体持续分裂

大平原初局："价值"的分化与冲突

前沿技术日常化实践争议

什么样的生活值得过

博物式生活

如何重新面对世界去生活，而非面对商品/橱窗，作为消费者去生活？

主权进化

反思型消费 穷而不贫

原生信用 心灵激活

鱼塘主义 精神返乡

文化杂交

公共空间混制 无限剧场体验

篡改式消费 万物可潮

被拒知识重组

日常复魅

日常改造运动 赛博降维

宝藏消费 盲盒式迷信

体感时间 原生态自然

如何自我决策与自我负责

重定自我刻度

如何重新认知与确立自我的价值刻度?

扩展真实

人间观察式的心灵避难
生活考古
现实边缘题材
生命禁忌模拟
自我朝圣的古文明旅行

破壁重启

破壁工作
自雇自足运动
野生老师
人生算法

全人创造

乡土文艺复兴
日常化的后人类探索
熔炉式的亚文化创造

如何处理与他人的关系

极简社交

当孤独成为新的精神常态,如何重新展开社交?

完美拟态

迷你恋爱
宠物葬爱
万物可恋

深度联盟

回归小乌托邦社群
自主管理的组织进化
融入社会机理的商业社会设计

精神净土

古早互联网慢社交
烟火气的日常线下社交
独处式的云朋友
无用爱好品鉴社交
非常态的线下社交空间
打破次元壁的故事交换

目　录

第1章

大平原新阶段

不确定性的演进

从 2017 年起，青年志把当下的宏观环境称之为“大平原”。伴随经济和互联网的迅猛发展，商业底层结构、文化和社会底层结构不断重建，由此导致人生经验和商业经验的不断崩塌。我们面对的社会如同大平原，风险和机遇高速流动，哪里都有路，往哪里走好像都是对的，也可能是错的，不确定性成为时代的底色。这也是现代社会个体在经历个体化进程，也就是“个人如何安身立命”问题上遇到的全新宏观环境。这一宏观环境下的个体状态，青年志称之为“游牧”，个体也转身为“游牧者”。我们在 2018 年出版了《游牧：年轻人的消费新逻辑》一书，描述和阐释了整个大平原与游牧者的社会文化整体趋势变化以及商业创新机会。

这样的观察，我们在欧洲社会学界也得到了进一步印证。德国社会学家莱克维茨在 2017 写的《独异性社会：现代的结构转型》一书中认为，过去的现代社会结构，本质上还是以普适性标准为基础的有限个体差异社会。比如，我们都是中产，在相互的身份认同上，有非常多共同点，甚至我们的具体生活方式也都大体类似，只是在具体职业、某些审美上稍有个人差异。但是在今天经济和技术的发展下，整个社会结构已经演变为更强调没有普适性标准，更支持独特差异性的全新样貌。在这样的社会中，流动变化不确定，对独异性的持续追求成为常态。

商业界所讲的“千人千面”，本质上也是在强调技术已经可以支持独异性的持续生产。作者同样强调，这样的变化，会给个体更大的自由，但也会带来更大的压力，同时也会引发包括家庭、公司和国家等在内的共同体全面重构危机。

在过去几年时间，我们见证了大平原以超乎想象的速度变化，围绕不确定性，人们对自身所处环境的认知正在不断转变。接下来，我们快速回顾 2017—2019 年，短短三年时间里，这种宏观环境认知转变是如何持续发生的。这些认知转变正在不断影响年轻人如何看待自身所面对的挑战和焦虑、向往与行动，如何做出安身立命的选择。

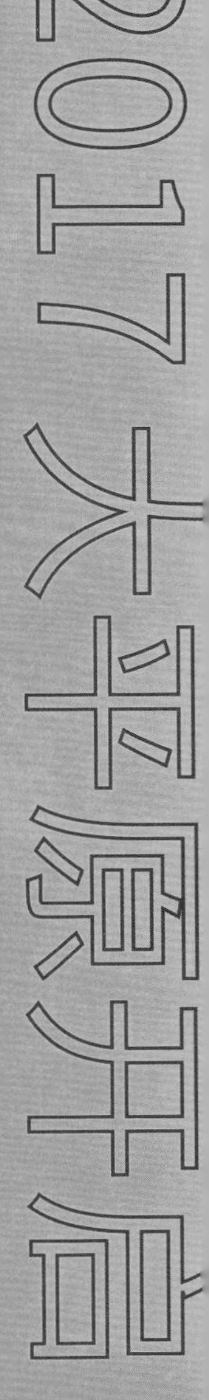

2017 大平原开启

“风口”，风险与机遇

2017 年乃至更早一些时候，是大平原开启的时代。我们对不确定性理解的关键词是“风口”。当时，随着移动互联网的全面崛起，虽然风险加速，但是机遇持续不断涌现。我们相信，宏观环境仍然有机会，要做的是如何规避风险，把握机会。与此同时，人们也开始感知到原本个体安身立命的经验和原则不断松动，引发初步的怀疑与不安。

01 风险频发 政策管控多变，风险加速联动

金融性风险公共事件时有爆发，环境污染问题持续占据公众视野，房地产市场与地方政府融资平台泡沫继续发酵，监管进一步收紧，以及英国脱欧、美国大选等全球范围内的政治变动，都让具有更强信息读取与预测能力的年轻人强烈地感受到风险与危机。与此同时，年轻人也在更小的年纪就学习如何与风险共处，他们使用商业保险等新的解决方案来更独立地抵御风险。

02 机遇涌现 旧有通道失效，新兴机遇下沉

一方面，大量已有经验与路径的失效。个体通常依靠阶层、年龄、性别等关键性的身份认同锚定自我，但这些身份坐标轴正在发生松动与错乱。同时，传统的职业上升通道也在进一步失效，白领和公务员都光鲜不再。

另一方面，今天年轻人也在被前所未有的去中心化的科技手段与商业模式赋权。在移动互联网与都市生活方式升级两大浪潮下，普通人拥有了更多机遇与可能，创业者、自媒体人、电竞玩家、airbnb 房东、主播等，层出不穷。

03 关系松动 社交媒体主导，独居时代到来

海量的线上社交工具与线下活动便利了日常社交和陌生人社交，中度与弱度关系在快速扩张。但与此同时，年轻人忙于处理大量流动的社会关系，习惯于社交媒体的对外展示，耗损了深度关系的建立。更多的年轻人习惯单身、独居，不想恋爱，拒绝舍友，与父母疏远。但另一方面，线上新的社交工具与互联网社群也在持续形成，真实生活中人们也在找寻更多关系黏合和形成的机制。年轻人与上一辈的关系更加平等，女性遭遇的社会偏见持续被讨论，基于品味与趣味等新的社群逐渐形成……

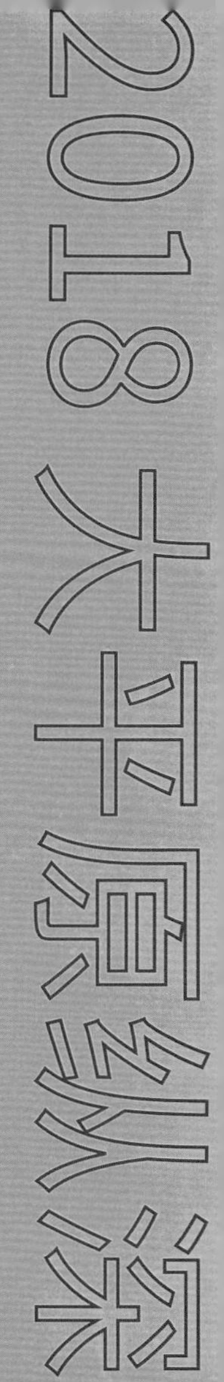

2018 大平原纵深

"长期"，解构与流动

2018 年，我们称之为大平原纵深时代。人们开始用"长期主义"来概括对不确定性的理解。人们认识到剧烈的变化仍将持续，解构和流动是常态，因此需要更长期的耐心、信心和方法去适应这种不确定性。风口收紧，机遇门槛提高，红利开始消失，但大家还是相信每个行业仍然有机会重做一遍，只是需要耐心。与此同时，围绕年龄、性别、阶层等身份流动与不确定性的讨论进一步增多，社会关系网络的重组探索也进一步增多。

01 秩序裂变

一方面，风险进一步底层化与难以预测。2018 年，我们见证了全球范围内不同意识形态对抗的恐慌；见证了人工智能与基因改造的技术伦理恐慌；见证了经济寒冬与社会环境的恐慌。另一方面，机遇正在被重新配置。很多人说，2018 年是创业黄金时代消失的一年。同时，也有很多人认为，新机遇才刚刚开始。

02 身份漂流

我们赖以建设身份认同的参照系——过往的经验和原则，正在进一步地松动。M 型社会与隐形贫困人口的热议，不断提示我们中产身份可靠性的全面崩塌，拷问我们什么是作为中产的标准。而在性别上，不只是性别气质的持续流动，2018 年双性恋、泛性恋讨论开始出现；而围绕何为直男的讨论、独立女性的讨论，也展现了更为复杂的多元看法。

03 契约失效

越来越多的游牧者可以随时围绕任何点进行联结，自行展开行动，形成大量的临时关系与契约，但随时可以“拔腿就走”。例如，包括互喷群在内的临时微信群，不断展现出这种行动的自由度。同时，关系进一步去中心化、去权威化。例如，在快手和抖音，更多人成了新型 KOL（关键意见领袖）。基于关系的协作和创新成本降低，社交电商一骑绝尘。契约的松动引发对传统关系参照系的全面反思和讨论。例如，比关爱家人、维护关系更进一步的讨论是关于宠物和非血缘关系算不算家人，什么才是家人。比在职场处理跟老板关系更重要的是思考不上班是一种什么样的感觉；比粉丝互骂维护偶像更重要的是开始讨论粉丝跟偶像的关系到底是什么。

2019 大平原初局

“价值”，分化与冲突

在过去的 2019 年，我们将今天的时代环境概括为“大平原初局”。大平原初局意味着人们对不确定性有了相对深入和完整的全局认知。

不确定性在今天，不只是关于机会与风险的高速流动，也不只是关于以时间维度的长期主义来应对持续的流动，而是深入关于价值的不确定。围绕不同的价值观念与意识形态，什么有价值或者什么没有价值，在宏观环境里集中呈现出深入的分化与冲突。人们发现，这种不确定性不再是表层的，不再是个体努力可以缓解的，而是深入骨髓、难以对抗的。

丛林凶险，规则野蛮

这种分化和冲突是关于经济和社会中的丛林竞争。全球秩序正在彻底重塑，全球经济在持续下滑。我们清楚地知道，我们所面对的，已经不是“消失的红利”，而是“存量的竞争”。新资源、新空间急剧缩小，大平原更加像是一个新的丛林。无论是中美博弈，还是“996”，都让大家愈发感知到丛林竞争的凶险、规则的野蛮、价值观的冲突。而在这其中，个人尤其感到自己的弱小，随时可能被牺牲与抛弃。

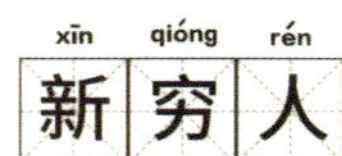

大多出生于1990年代，受过高等教育，外表光鲜亮丽。拿着不错的薪水，追逐中产的品位和生活方式。虽然已经工作好几年，但几乎没有积蓄可言。

“新穷人”词条 © 网络

02 共同体撕裂，信任难建

这种分化和冲突，是关于社会关系中信任的难以建立。从家暴、亲密关系的 PUA①操控，到世界各地的街头暴力，社会与家庭共同体不断分裂，信任难以建立。人类学家项飙在许知远《十三邀》的访问上提到，“我们长期以来熟知的来自我们生活近处的信任感已经很难建立了，我们好像已经丧失了爱的能力”。

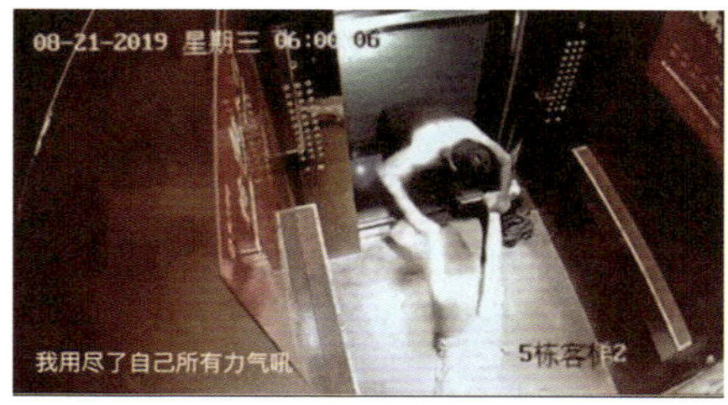

宇芽被家暴 © 网络

① PUA，全称 Pick-up Artist，字面上看是搭讪艺术家，从简单的搭讪扩展到整个两性交往流程，发展为搭讪、吸引、建立联系、升级关系、直到发生亲密接触并确定两性关系。但实际上 PUA 是一种通过受过系统化学习、实践和不断自我完善情商包装自己，诱使异性与之交往，通过对异性诱骗洗脑，欺骗异性感情，达到与异性发生性关系的目的。

03 算法技术之下，何以为人

这种分化和冲突，也是关于究竟什么是人，什么是作为人的价值边界的模糊。人脸识别、人工智能、大数据、基因技术等各种前沿人工智能等技术的日常化实践，频频涉及隐私、过劳等争议性问题，引发关于人的价值边界的讨论。

AI“监控”进校园，监视教室里每个学生的脸 © 网络

人的边界，逐渐模糊 © 网络

第2章

游牧
新局面

挑战与焦虑、
向往与行动、
文化新气象

接下来，我们看看宏观环境持续转变的局面下，2017—2019 年的三年时间里，年轻人面临着的挑战与焦虑、向往与行动如何持续转变，以及整体的青年文化正在呈现怎样的新气象。

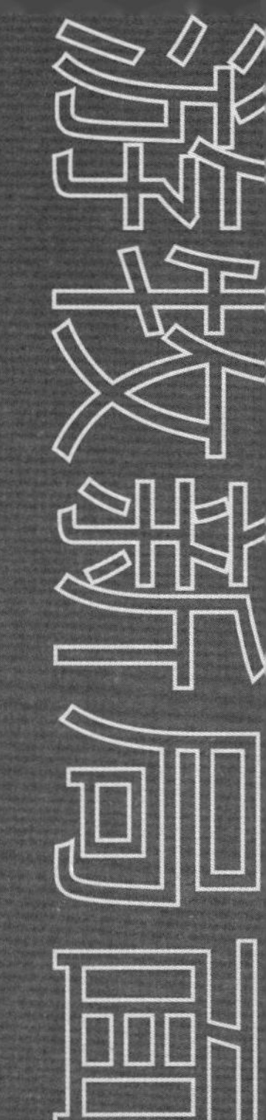

挑战与焦虑

01 2017 大平原开启 个人价值当下的最大化与随时发生的“郁、急、丧”

大平原开启之初，我们将生活在大平原环境中的年轻人称之为“游牧青年”。他们不再是“80 后”的理想青年，牺牲当下，朝向未来；也不再是“90 后”的小世界青年，守护当下，期待未来。面对高速涌动的风险和机遇，游牧青年必须学习不断从当下创造出未来，以保证自己在快速变化的世界中能应对自如且持续拓展。

在不确定性仍然是关于风口的宏观环境下，游牧青年所看到的**关键挑战是如何抓住风口，规避风险，像网红一样，在当下最大化实现个人价值**。

因此，年轻人的焦虑是有关**抑郁与孤单**，在自我的高期待和不断的挫折与压力中，难以抚慰；是**急躁与计算**，害怕一不小心错过“一个亿”，错失风口与机会，在选择中淡定难求；更是有关**丧与疲惫**，在主动和被动的追逐中，想有机会能停下来放空自我，但“丧”只是暂时的悬置，一时的甜蜜，却无法真正支撑游牧生活。因此“颓废是糖，甜到忧伤”。

02 2018 大平原纵深 创造和选择的最大化

2018 年，大平原纵深，不确定性进一步深化。风险加剧，但风口渐去，机遇门槛提升。有耐心的长期主义成为个人和组织的共识。面对持续的外部变化，**关键的挑战转变为如何在每天的日常生活中，不断否定已有经验，重新创造，不断刷新认知，重新做出选择。**

这种创造、选择的日常化和结果的不确定，不断挑战个人和组织的能力，带来了焦虑的深度化与常态化。“翻车了鸭、真香、凉凉、慌得一批、求生欲、韭菜”，2018 年的年度热词所展现的是焦虑没有准备好的世界和没有准备好的自己，游牧者焦虑为何而创造，为何而行动。

03 2019 大平原初局 欲望和资源的重置

游牧新挑战：欲望与资源的重置

2019 年所呈现的大平原初局，不确定性开始深入围绕价值观念和意识形态的激烈分化与冲突，这也意味着，我们所能依赖的**统一性参照标尺进一步土崩瓦解，创造和选择面临更大的困局**。

正如法国哲学家巴迪欧所言："你们生活在一个社会的危机时代，这个时代撼动并摧毁了传统最后的残余。我们并不是真的清楚，这种摧毁或否定的实际一面是什么。我们知道，它毫无疑问走向了某种自由。但这种自由首先是缺乏某种禁忌的自由。这是一种消极的、消费主义的自由，它注定要在各种商品、各种时尚、各种意见之间不断变换。它并没有真正为生活设定一个新的方向。……确定究竟什么是创造性和积极的自由，或许是即将到来的新世界的任务。"

这样的局面，使得年轻人开始从主动面对广阔的外部新世界，不断改变自己积极适应寻找新的可能性，转化为更强调对自我重新审视，对世界重新审视，反思和修正安身立命之道。因此，年轻人所面临的核心挑战与关键议题，从面对外部新世界的创造和选择的日常压力，转向**如何重新认识与驾驭欲望，如何重新看待与处理资源，获得一种新的内在的主动性，一种不跟随外部世界变化节奏而依靠内在尺度的个人主动性**。由此，在没有禁忌的自由与失去刻度的自我困局中，年轻人才得以有机会建立自身的标尺体系，为创造和选择设定规则，确定什么是创造性和积极的自由，而非消极的、纯粹消费主义的自由。

我们如何理解欲望与资源呢？

欲望是**复杂**的，它包括我们的生存需要，也包括超越生存所必须部分的想要，并在两者中转化出明确的市场交换需求。欲望是**被塑造**的，它通常被商业机制与消费主导的生活、爆炸的流行文化内容不断唤醒和激发。欲望是**情绪**的，它不断感知和表达，指向我们安身立命的想象和实践，并在每一个动作中回应自身。**追随外部世界的欲望供给，意图求得个人生活的任性自得，只能导向越来越难以填满的欲望沟壑。**

资源是**不足**的，面对欲望，我们通常容易认为自己是匮乏的。资源是高度**同质化**且**竞争激烈**的，在欲望的潮流中，资源快速地失效与被取代。资源可能是**过剩与不公**的，无论是注意力、金钱、能力，还是美貌，它总是不断地被比较与被估值。资源是容易**被低估**的，按照外部传统市场价值体系塑造，普通人的大部分资源都难以进入市场交换。资源是容易**被掩盖**的，如果它不在欲望塑造和市场交换的主流机制中。**依靠外部世界欲望尺度所准备的资源，所试图获取的资源，越来越让人无所适从。**

游牧新焦虑："我太难了"

面对复杂的欲望与匮乏的资源，我们可以用今年大热的一个表情包来回答——**"我太难了"**。

进入大平原时代以来，年轻人已经习惯了追逐被塑造与被催生的欲望。这种欲望不仅是物质上的，更是成就与发展的欲望。为了满足欲望，每个人即使遍体鳞伤也总是要努力刷新自己，拓展资源。而到了今天，年轻人终于承认，欲望与资源之间，存在着怎么也填不平的鸿沟。这种**"太难了"的本质，是面对无尽的欲望，我们始终是匮乏的，这一亲身感受。**

具体而言，这种"难"是关于"被剥夺的无力感"。互联网世界和技术全面渗透进每个人的私人生活。我们能留给自己的空间与时间越来越少，这也导致私人性被最大程度地剥夺。而这种被剥夺在面对红利流失殆尽、丛林险恶的社会环境时，"996"便不可避免地成为年轻人关心的关键词。这是因为人们的被剥夺感达到了顶峰，却无力抗争。而微博上被疯狂转发的人生四部曲——"上学'985'，工作'996'，辞职'251'，求助'404'"，是一个人面对庞大的社会机器时，所能发出的最卑微的戏谑之声。

同时，这种"难"也是关于"深刻的孤独感"。技术不断推动时间的原子化，引发个体原子化，我们都被绑架进巨大的经济和技术机器。在茫茫的大平原上，每个人都在按照自己的想法努力游牧。年轻人说，"以前孤独，只是觉得自己是个孤岛，现在更像是宇宙中各组运转的星球。而在社交网络上，看上去随处可得的陪伴在关掉屏幕的刹那，只有无尽的失望与失落。"

所以，面对李佳琦的爆红，我们也发现媒体和年轻人的关注点，已经不再是讨论如何成为下一个李佳琦了，而是转为关注他的真实状况。**李佳琦的故事是我们时代的焦虑故事，是很多年轻人都在经历的故事。**李佳琦一方面被各种力量、各种欲望推着往前跑；另一方面不断出卖自身的资源，对他来说不能下直播，不敢下直播，不敢生病，甚至没有时间喝水。所有的时间、私人空间，甚至外貌、语音，都被作为资源缴纳出去。在他身上，人们看到的是**即使作为幸运儿的李佳琦，在欲望和资源的沟壑之间，也同样感觉到被剥夺和孤独。**

李佳琦的经历常被解读成一种励志鸡汤：出身平凡，不懈努力，改写命运。很少有人意识到，这个 27 岁男孩的屏幕形象，和我们的消费习惯一样，都是一种被互联网算法筛选塑造的结果。他是幸存者。

*这是一个有关算法和人的故事，"一个人，变成算法，现在又想回到人。"当李佳琦已经站在注意力的巅峰，他也在困惑，自己到底将成为谁。*①

①刘敏：《幸存者李佳琦：一个人变成算法，又想回到人》，《GQ 报道》。

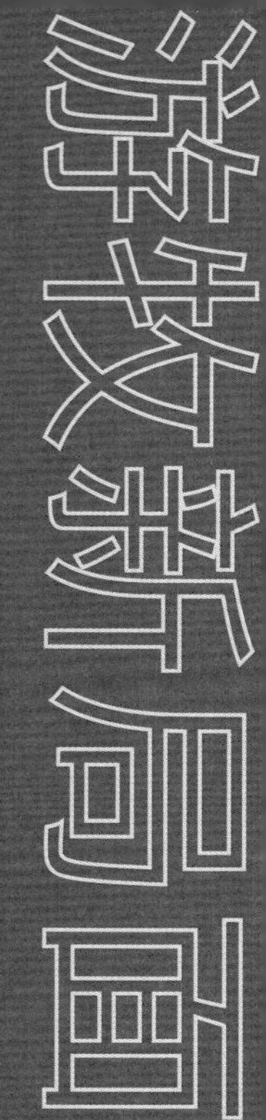

向往与行动

01 2017 大平原开启 未来自年轻

2017 年，面对刚开启的大平原，风险和机遇的流动，当时年轻人最向往能成为把握住机会的人：向往自己是**淡定的工匠**，有一技之长作为支点；向往自己能**开放创新，动态发展**，抓住新机会；更向往自己有**全局视野**，**自我敏锐**，能看到更多机会和风险。年轻人谈论具备这种特点的企业家，例如埃隆 · 马斯克；谈论那些成为网红，能够最大化个体价值的普通人，例如李子柒。

因此，在行动上，年轻人期待自己具有**“全局视野，自定节奏，开放协作，感性自知”**，有种大平原任我行走，游刃有余的感觉。

02 2018 大平原纵深 游牧向阳

之后 2018 年，面对纵深的大平原，需要长期主义的耐心信心，面对日常创造与选择的挑战，年轻人向往自己能成为**拥有勇气**、**具有少年感**，最好同时还**拥有幸运**的人，更好地应对不确定性。年轻人开始追捧具有少年感的新偶像，也捧红了真实普通人中的“锦鲤”，代表幸运的杨超越。

在行动上，年轻人期待自己有能力依据长期主义的看法，**重构自己的叙事**，以及有耐心不断**重构尝试新鲜的体验**。

03 2019 大平原初局 “像个人一样生活”

面对分化与冲突尽显的大平原初局，年轻人仍然向往少年般的勇气与幸运。因此我们见证了 2019 年电影《哪吒》以及刺猬乐队的火爆。

同时，短视频、直播等媒介的普及，极大提升了人们面对真实生活世界的视野和理解力；近两年的消费升级让更多人理解了欲望和消费主义；经济环境，也给了年轻人停下来的理由。

围绕欲望与资源的新挑战，他们更向往自己能**在越来越深入不确定的大平原中，即使失败，也能有机会“像个人一样生活”，展现出自己内在主动的生命状况。他们期待自己能放得下对外的追逐，回身细致、深入、耐心地看看自己和周遭的世界，希望能在“自己的生命里闲逛”，在自己内心深处的大平原里自在游牧。**这是我们今年在年轻人的访问和社交媒体的各种讨论中，所感受到的最大向往。

“像个人一样生活”，并不是简单去除欲望，回归家庭，温情小确幸等陈词滥调。毕竟，今天的个人仍然处于流动与变化之中，如何在被不确定性包裹的大平原上像个人一样生活，需要更多探索。因此，年轻人希望能通过反思和警醒，不断提示自己，这是怎样的一场比赛或者游戏，保持清醒，不要成为一个被愚弄的人。同时，他们希望能把自己的亲身感知，而不是外部的尺度作为行动的标准。他们也希望自己能面对当下的问题，踏踏实实找到自己人生的解法。

具体而言,“像个人一样生活”包括欲望求“真”的感知力与资源求“活”的创造力。

欲望求“真”的感知力

年轻人期待自己能有欲望求真的感知力。能摆脱外部的尺度，也不追求一个稳定的尺度，而是坚定地以自己的感知作为真实的尺度，判断什么是自己要的。正如年轻人所说，“我不想掉入小确幸的人生补丁里，我想有自己的精神家园”，能真切地感知和对抗外部压力。

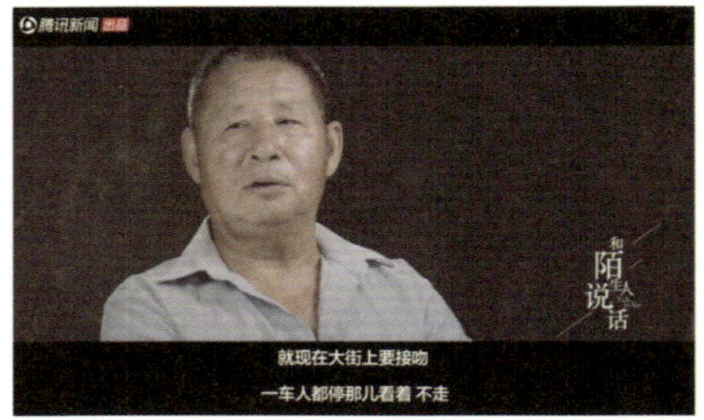

《和陌生人说话》© 腾讯新闻

根张《三十而砺》© 根张

资源求“活”的创造力

年轻人期待自己能有资源求活的创造力。不是简单盘活资源寻找机会，而是真正以自身为出发点，重新发现并有效激活转化自己所拥有的一切资源，有机地创造新的可能性。正如越来越多的年轻人在探索如何在乡村激活自己在大城市缺乏竞争力的资源，重新寻找到自己的机会。

这是一场新的游戏。在文化中，我们能看到，“00 后”年轻人开始展现出不受约束的新创造活力；越来越多类似根张这样不断磨砺自己欲望，重新开始的普通年轻人；甚至在局限中不断寻求可能性的老年人群体，也成为年轻人尊重和学习的对象。

04 游牧者的行动纲领
超感重码

基于欲望求真的感知力，资源求活的创造力，年轻人已经展现出新的行动准则。年轻人说：“我心中最初的种子还在，虽然当初想要的土壤已经变化，但哪怕放到全新的土壤上，我也能给它种出个我自己想要的变异种。”“今年是真的接受了。不过，就算没有阳光也没关系，阴天也可以自己生长，或者自己努力成为光。”我们称这样的行动规则叫作**超感重码**。

超感，是超越旧有理性规则和文化边界。年轻人开始重新调用自身的感性、情感与动物性力量，获得整体性的感知力。在个体直觉和超越边界的感知中，重新理解欲望与资源的边界和可能性。

重码，是基于新的欲望与资源的感知，进行有机地重新编码，创造新生之物。正如英文，这是一种 hybrid evolution（杂交进化）。游牧，以一种杂交式的方式进化。

九连真人 © 网络

具体来说，超感重码意味着：

内生差异

不是拥有全局视野，追随外部世界的快速变化从而更替自身，形成新旧差异，而是不管外部世界如何评估与变化，始终更看重自身内在如何生长出独特性的差异。

有机编码

即使没办法在变化的外部洪流里掌控自身节奏，也要多花时间将所有资源有机重组，在内在的秩序里获得新的生命力。

2020 年 2 月，Lady Gaga 发布全新单曲《Stupid Love》，专辑封面视觉呈现采用了 Y2K 美学。© 网络

冲撞迭代

即使无法在开放协作中不断感知平衡，寻求机会和可能性，也会更注重直接以想法和行动与外界碰撞，快速得到持续反馈，优化自身判断和体系，不断迭代生长。

西瓜视频 # 拍了就是 vlog# 计划 © 尚路

百无禁忌

即使无法感性自知，很好地匹配适应外部世界，也会有勇气超越局限，更加没有约束地创造，更加百无禁忌地打破边界。

三锅儿 © 网络

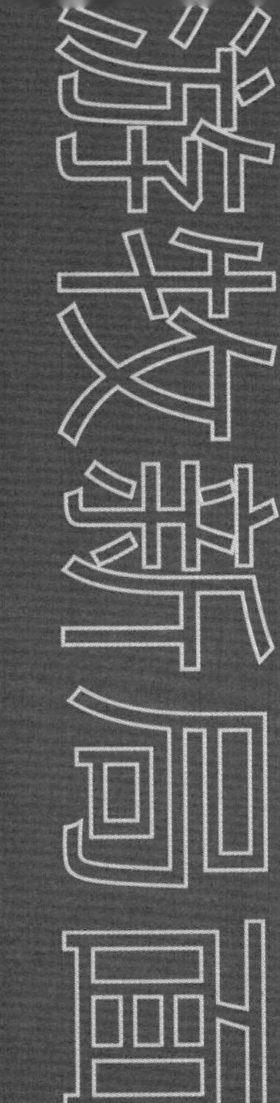

文化新气象

01 青年文化整体转向
新的当下文化
——从活在当下，到野生当下

今天年轻人向往和行动方式的转向背后，是年轻人文化的整体转向。

之前，我们所强调的是在当下创造未来。所谓“在当下创造未来”是舍弃失效的过去经验和路径，舍弃过去所见和未所见，专注在此刻发生的新机会，此刻就创造新可能性。这是一种线性的当下文化，无论是生活方式还是文化内容，我们都在拥抱离我们最近的、最新的东西。

然而，我们对未来的想象往往是贫瘠乏力、同质化的。面对难以把握和预测的未来，人们保持着怀疑与戏谑的态度。面对当下，我们的理解和把握又是粗暴急躁、浅尝辄止的。我们距离未来太近，而离过去太远，以致每一个当下都容易显得轻浮，令人失望。但实际上，当所有不分时空的资源被媒介与技术都冲刷到当下的时候，当下所具有的广度和深度，已经被改写与重置。

这种被改写的当下我们称之为“野生当下”。它是一种新的当下文化。某种程度上，青年文化正在疏远未来，正在重新审视过去，正在以超感重码的方式重构现在。而这种新的当下文化也正迅速成为今天青年文化的重要基调。电影、电视、音乐、视觉和时尚等新一拨的流行文化，新的生活方式产品和服务，都正在全面展示这一文化转向。

“你会怀念一个从未去过的地方，思念一个从未存在过的世界。这是种很孤独的感觉……未来的可能从我们身边被偷走及粉碎。人类创造力的庇护所之一，就是对一种可能存在过的过去的思念。而未来，则是完全无法预知的。人们能感受那个未被开发的过去……在现代社会，历史已经成为一种不必要的负担，成为一种被丢弃的遗物，不再值得我们尊重和思考。结果是我们永远处于被未来冲击的状态，这种由快速变化所产生的持续的压力正在我们周围发生。但回顾历史，我们会明白，另一种世界是能被实现的。过去与现在的相互作用提醒我们，历史不是一条延伸的直线。人类社会总是会重复过去的事件。”

——Michael Saba

02 新的青年创造力 = 复古未来 + 解构融合

这种野生的新当下文化，也就是新的青年文化创造力。过去，创造力本身意味着固定的等级、品位、身份、社群、标签。但是新的创造力，指向了超感重码。而其中的基本方式，就是复古未来以及解构融合。**复古未来，是在时间的维度上充分地超感重码；而解构融合，是在空间维度的超感重码。这不是两个风格或者审美维度，这是今天创造力的基本方式。**

接下来，我们将通过三个章节，分别详细论述个体化三大命题在日常生活中的展开。这三大命题分别是：

（1）安全感的获得：什么是理想生活？

（2）自我决策的挑战：如何自我决策与自我负责？

（3）个体与社会链接：如何处理与他人的关系？

而这样的三个问题的答案更新，也就意味着年轻消费者市场的观念和行为基本面的更新，消费选择逻辑的更新。由此引发商业创新空间与思路的刷新，以及具体商业创新关键点的刷新。

第一位在巴黎蓬皮杜做个展的中国艺术家曹斐，鸣谢艺术家、维他命艺术空间及 Spruth Magers. © 曹斐

易烊千玺与橘子海合作的新歌 © 网络

在 K11 举办《怪兽进化论》展览的“马丁 · 戈雅生意”，是由艺术家程然所打造的青年艺术家群体组织。展览解构融合了流行文化、神秘主义、赛博朋克等多种文化。© 马丁 · 戈雅生意

《DRONE A》以相对感性的方式探讨了虚拟现实、网络社会和人工智能的主题。并在一定程度上回溯了如模拟合成器等 2000 年之前的“古代科技”。 © 美丽娱乐

第3章

理想生活

从任性自得

到博物式生活

我们先来看看今天年轻人都向往着怎样的生活。

“我想让生活像一个博物馆，哪里的都有一点。比如我现在有泰国少数民族的外套，有起源于乌兹别克斯坦的土耳其刺绣，还有印度的裤子、网上淘的危地马拉手工刺绣连衣裙。

以前很多流行的家居风格都要放铁网、火烈鸟等装饰，这感觉像是一个通用的公式，可以让你觉得自己的生活很有品位、不出错。但那些工业化的东西，只是外界给你提供的叙事线，并非你亲身经历所形成的。

现在，我的家就是我去过的地方的“合集”。它们是混在一起的，而且混杂的东西很不固定，没有原则。比如我房间现在的摆饰——毯子是英国二手店买的，枕头是一个小市集里的，还有摩洛哥罐子，土耳其的符咒。不需要精心设计。因为没有人这么混，所以觉得很有趣。”

——Heléne

在 2018 年的《游牧：年轻人的消费新逻辑》一书中，我们提及年轻人向往的是一种任性自得的理想生活。“有快递，能撸猫。”年轻人一方面要求对生活的“全局掌控”，还希望在流动的时空中，能够“时刻自得”，自己始终可以舒适乃至“爽”。并且在舒适的基础上，还想要更具激发性、创意性的日常体验，“戏剧日常”，拥有变化丰富的自我与生活。

但其中的焦虑也非常明显，一个字，“穷”。到 2018 年的时候，“穷”的焦虑还在升级，因为消费者的欲望不断升级，但资源却没有升级。因此，我们看到了他们对理想生活的进一步探索，他们试图通过“野生涌现”的方式来解决生活中的资源不足问题，他们开始强调理解本土的资源，从乡村到城市，品味日常生活的土味；他们开始拥抱傻瓜，简单的创造力能够带来的简单快乐；他们也开始尝试去风格化，强调杂糅的审美体验。

今天已经是消费社会的拐点。进一步成型的消费主义社会，正在催生过剩的资源与无法降级的消费欲望。网红爆品、算法推荐、分期微贷时时刻刻提醒年轻人“好生活近在眼前”。同时，“物价上涨”“收入下滑”“裁员失业”“养老危机”等风险与不确定性，已经成为年轻人生活的底色。“穷”成为年度热词。不论是“精明穷”“局部穷”，还是“真穷人”“稳定穷”，穷既是名副其实的现实窘境，也是欲望升级的必然结果。

面对无限膨胀的欲望与越来越穷的现实，“欲望和资源的重置反思”，“匮乏感”的焦虑，以及对“像个人一样生活”的渴望，也同样推动了年轻人向往的理想生活的转变。

在世界经济增长乏力的背景之下，商业界普遍将“欲望和资源的重新审视”理解为“消费降级”或者“消费分层”。他们认为，年轻人更加理性而精明，因此带来“精少久”“精致穷”的消费观念变化。这样的判断本身并没有错。但因为仍然在狭窄消费逻辑中审视年轻人的消费行为，容易忽略在理想生活层面更重要的底层变化。

实际上，这是消费升级的新阶段，反消费主义的消费主义萌芽。年轻人对理想生活的构建，不再是消费升级初期强调以自我为中心，面对外部世界的无尽供给，试图自主任性选择消费；而是重新审视自我的欲望与资源，以身边完整的生活世界为对象，创建具有丰富情感与想象力的生活图景。我们称之为“博物式生活”。

博物，字面意思就是“辨识许多事物”，是人类认知世界的古老方式。博物的行动，是基于个体日常活动中的感受和体察，群体的知识经验的交流验证，以及过往经验的传承，按照自己的方式进行知识分类梳理，建立更为整体的对世界的理解。博物所获得的，是人们围绕自己生存的身边的具体自然和人文环境所探究到的知识，以及切身性的具体生活经验与感受。

博物式生活，首先意味着不局限在消费主义塑造的欲望中，成为能主动面对生活，拥有生活主权的人。这也意味着，**消费主体从“狭义的消费者”，进化到“主动的人”。**

对于博物式生活的行动者来说，只有未被消费主义过度渲染的，或者被人忽略遗忘的，才是亟待亲身发掘的宝藏。任何来自过去的、当下的、身边日常的、边缘的资源，皆可被充分消费与调用，是等待被捡拾和搜集的“奇珍异宝”，也是生活的重要构成部分。这也意味着，**消费对象从“商品”到“丰富的物”。**

同时，博物式生活的构建，也不是传统意义上通过选择物品进行风格化的生活方式陈列与展示，体现我和别人的不一样。这也意味着，**消费的结果从“风格化橱窗化的展示”，到按照个人生活脉络发展持续丰富变化的“私人生活博物馆”。**

具体而言，博物式生活的展开包括：

主权进化

不局限在消费主义塑造的欲望，如何重新成为主动面对生活，拥有生活主权的人？

文化杂交

不再是被动消费外部世界供应的商品，而是如何以文化杂交的方式，打开消费的想象力，探索新的产品、服务、内容与体验？

日常复魅

不是传统意义上通过在欲望的橱窗中选择物品，进行风格化的展示，而是如何重新面对周遭世界，转换感知的视角维度，恢复平凡日常所丢失的魅力？

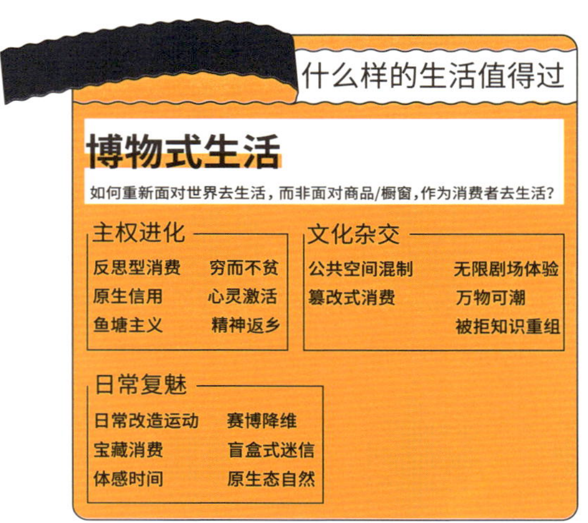

“博物式生活”趋势结构总览 © 青年志

博物式生活

“主权进化”

从狭义的消费者，到主动的人

博物式生活的第一个议题就是:“如何想办法不被欲望和资源挟持，掌握自己的生活主权?”我们称之为“主权进化”。

主权进化，不是面对商业世界提供的产品服务，强调今天的年轻消费者见多识广，理性而精明，在消费链条的各个环节都能够深度参与的主权式消费，而是有能力反思与打破欲望塑造的机制，并通过自主掌握实现欲望的资源，从而获得真正的生活主权。

这是一个重要转变。之前几年，我们形容消费者的理想生活是寻求全局掌控。这种全局掌控感，主要集中体现在可以拥有消费升级的更多选择和参与权利，界定自己的生活节奏和人设。这本质上是一种消费上的主权。

相应地，我们也见证了这两年消费者在整个营销链条中的重要性不断提高。但是随着消费升级和经济下行，对消费的主权要求，正在升级扩展为对生活的主权要求。消费者越来越敏感自身的消费行为、资源状况以及背后的塑造机制。

围绕生活主权进化，年轻人开始重置欲望，尝试形成自己的生活尺度。这包括带着反思去消费；不以没有钱作为耻辱而去尝试如何好好生活；跳出商业欲望套路，建立自己的信任机制。年轻人开始重置资源，尝试扩展自己的生活选择。这包括重新扩展自己的身心资源；想办法让自己所有的资源都能找到机会流转，可以自在生活；重新发现乡村和小城市的生活价值。

“主权进化”的大趋势之下，具体包括以下围绕欲望和资源两个维度的六个小趋势。

(一）打破被动的欲望塑造机制

1. 反思型消费

2. 穷而不贫

3. 原生信用

(二）主动激活欲望实现的资源

4. 心灵激活

5. 鱼塘主义

6. 精神返乡

反思型消费
从没钱降低物欲，到不被消费主义塑造的欲望裹挟

“将自己的精力、财力、时间等资源集中于人生中最重要的事情上。”

——豆瓣“极简生活”小组

反思型消费，不是因为没钱所以要少消费，也不是断舍离式地降低欲望，而是不想被媒体和商家塑造的欲望所劫持，花时间反思自己真正想要的是什么，物质的价值是什么，明确什么真的值得买，从而重新定义消费的价值。这样的趋势，我们称之为“反思型消费”。

具体而言，反思型消费包括：

反思消费陷阱

不仅仅是熟知商家的把戏，也更主动与严肃地讨论被消费主义塑造的种种不易察觉的消费陷阱。

明确欲望范畴

重新审视生活中真正的需求与欲望，从而明确哪些是生活中真正重要的事情，明确欲望的范畴。

重估物质价值

包括重新选择生活中必要的物品与消费，也包括给原本被嫌弃的物品重新赋予价值。

因此，在青年文化的相关变化中，我们看到了对“双十一”等消费狂欢活动的反思，极简生活讨论的主流化，可持续生活热度持续升高，以及围绕旧物和二手的消费文化成为新宠等诸多变化。

对商业创新而言，重新深入前瞻地理解消费者需求，重新定义消费者价值，而不是以简单粗暴的人性论来鼓动和迎合欲望，会成为比以往更重要的工作。在消费主义的新阶段，品牌需要深耕细作。

反思“双十一”

2019 年，反思“双十一”的讨论愈发主流化，例如《“双十一”不买攻略》《“双十一”就是一场大型消费主义刻奇》《“双十一”式盛景消费社会——人被编码为资本内驱力的齿轮》等文章获得大量关注。

今年“双十一”，我为什么不买东西

月出五更 11月5日

2019“双十一 ”: 2684亿的背后，我看到了消费

沽民 香江纵横 11月12日

“双十一”就是一场大型消费主义刻奇

IC实验室 11月13日

“双十一”前一天我把淘宝卸了——谈消费主义

格桑儿 女孩格桑成长记 11月16日

一系列反思“双十一”的网络讨论与文章 © 网络

围绕“极简生活”的系列讨论

豆瓣话题广场上 # 像我这样节俭地生活 #、# 你是如何践行极简消费主义的 # 等相关话题引发数千万关注，豆友们开始强调“极简生活”不是“极俭生活”。

你是如何践行极简消费主义的?

18556662次浏览 · 3157 篇文章

极简主义如何改变你的生活的?

4171804次浏览 · 555 篇文章

哪些消费行为让你觉得自己受到了明明白白的欺骗

豆瓣话题广场上 # 像我这样节俭地生活 # 等相关话题引发数千万关注 © 网络

零废弃与零浪费实践

在 BottleDream[1] 发布的《2019 中国年轻人可持续生活趋势白皮书》中，年轻人眼中的“可持续生活”涵盖了“只取自己需要的”“物尽其用”和“适度”等关键词。

BottleDream 发布《2019 中国年轻人可持续生活趋势白皮书》©BottleDream

旧衣混搭

在豆瓣话题 # 一百天不买衣服穿搭计划 # 下，许多网友尝试用已有衣服创造多种混搭风格。

B 站 Up 主 @ 函数 ln 发起“旧衣混搭挑战” © 网络

[1] BottleDream 是一个通过讲述创新故事连接全球年轻创变者的平台。

02 穷而不贫
从精打细算的性价比，到打破滤镜的朴实好生活

"有人说抠的生活没有乐趣，我却觉得撇开了消费的快乐之后，我感受到了生活的快乐。"

——豆瓣"壕无人性攒钱"小组

生活主权的建立，也包括不被欲望驱使下的资源匮乏所局限。面对无尽的欲望，所有人都是穷的。因此，重要的并不是精打细算寻求性价比的理性精明，而是不管有钱没钱，都能意识到，朴实的好生活其实并没有那么贵。哪怕没有钱，生活也可以过得有乐趣，不贫乏。这样的趋势，我们称之为"穷而不贫"。

具体而言，穷而不贫包括：

有钱也寻求低价实用的好物

不是有钱就疯狂买买买，而是能不被欲望牵着走，真实面对生活中的一切资源，挖掘朴实好物。

没钱也能过得不贫瘠有尊严

不再是没钱拼命省省省，降低生活质量，或是用花呗等借贷软件竭力维持表面的美好生活，而是通过自己动手等创造性手段，过上不匮乏的快乐生活。

因此，我们看到了年轻人对过去中产阶级生活方式的打破，对性价比的更深入理解，开始全面挖掘朴实好生活的可能性。在青年文化的相关变化中，我们也看到了全民拼多多、穷快乐、不管有钱没钱都开始抠门儿、寻宝式薅羊毛等诸多变化。

对商业创新而言，性价比在过去几年已经成为中国本土品牌的竞争优势，但是在审美、体验和品牌精神等方面还有很大拓展空间。

全民拼多多

许多都市年轻人不止青睐淘宝，还会在“拼多多”上和朋友组团买塑料袋、毛巾等低价好物。

许多都市年轻人不止青睐淘宝，还会在拼多多上和朋友组团购买低价好物 © 网络

Lower Cost, Better Food

103store.cn 工作室的三位成员成立了“省钱养成小组”，花了 1 个月时间实验在“买菜预算只有 20 元”的情况下，如何变着法地做出一桌好菜。

秉承“Lower Cost, Better Food”理念做出的饭菜 ©103store.cn

寻宝式薅羊毛

年轻人薅羊毛不止为了省钱，还是为了在烦琐有趣的购买过程中找到意外之喜，“薅的过程是智力游戏，薅的结果是奇妙旅程”。

寻宝式薅羊毛 © 网络

穷快乐

对于天天喊着没钱的年轻人来说，在外染头发费钱，那就自己钻研攻略，在家“花最少的钱，漂最炫的头”。

B 站 Up 主 @ 川大发 © 网络

03 原生信用
从营销人设光环的欲望激发，到真实“老铁”的生活背书

“有生活，才有生意。”

——趋势联合观察者 快手研究院

生活主权进化，也意味着欲望塑造机制中，信用和影响力来源的重塑。伴随短视频和直播等新的媒介技术，年轻人得以跳过漫长的生产—消费链条，直接看到真实而广博的生活。因此，相比品牌广告和 KOL[2] 人设制造出来的欲望和商品，“一切都是营销手段”，他们反而愿意相信那些扎根在真实生活场景里的原生卖家。这样的趋势，我们称之为“原生信用”。

具体而言，原生信用包括：

源头好货不虚假

快手上的许多主播原本并不是为了卖货，但围观粉丝总会主动问起辣椒、蜂蜜和海货怎么卖，于是许多主播或是顺便卖些自产自销的山货海货，或是用直播带着镜头另一端的粉丝们奔赴各个源头地采货。

家长里短真熟悉

无论是快手还是闲鱼，没有花哨的推销话术，而是更多分享生活本身。他们会和粉丝分享家长里短，“关注你三个月，你这大半辈子我都熟了”；闲鱼卖家也会诚实说出转卖理由，“年会送的”“分手贱卖”。

因此，年轻人清楚地知道如今的营销是如何塑造欲望，对自己施加影响的。营销人设光环的欲望激发，抵不过真实老铁的生活背书。在青年文化的相关变化中，我们也看到了全民直播的电商化、作为意见领袖的普通消费者群体崛起等诸多变化。

对商业创新而言，需要注意的是，如果没有好的运营机制，这样的原生信用也会随着平台商业化加速，流量变现的欲望膨胀而削弱。因此，以用户为中心的运营，私域流量的经营，需要考虑如何围绕原生信用与商业变现的平衡去创新。同时，也需要对不断改变传播和塑造信用的新媒介、新技术持续保持敏感。

[2] KOL 是 Key Opinion Leader 的简称，指关键意见领袖，是营销学上的概念。

快手主播采集野生崖蜜的过程

快手老铁“大山 野生蜂蜜（黑蜜）”会在短视频和直播中，分享自己采野生崖蜜、卖货装货的过程。

快手主播“大山 野生蜂蜜（黑蜜）”记录采集野生崖蜜的过程。© 快手

快手主播在果园试吃新鲜血橙

主播“山村二哥—汇奉源”在快手上售卖亲自在果园里试吃的血橙。

主播“山村二哥—汇奉源”将长在树上的血橙切开，为粉丝展示果实成色。© 快手

闲鱼 # 转卖理由过于真实

在闲鱼 # 转卖理由过于真实 # 的话题下，聚集了一群转卖时不说俏皮话的耿直卖家。例如，有卖摩托车头盔的卖家直言“颜色太花哨了，不想戴”，还有转卖衣服的女生表示“因为当时脑袋一热或自己胳膊粗胸小”。

在闲鱼 # 转卖理由过于真实 # 的话题下，聚集了一群转卖时不说俏皮话的耿直卖家 © 网络

04 心灵激活
从应对式的身心觉察与掌控，到主动激活能量的日常自在

“‘Yes, and.’是说，不管接收到的信息有多烂，都要继续下去，用你手上有的东西去完成叙事。”

—— Chaney

除了反思消费，重新定义没钱的生活，重建信用背书，围绕生活主权的进化，年轻人还主动拓展相关资源。这些资源主要包括个人身心资源、生活闲置资源、乡村小城资源等。

围绕生活主权的进化，年轻人还主动激活消费主义欲望需求以外的身心资源。过去，年轻人相信“自律给我自由”，不断想调整自己身体和情绪状况来应对欲望，获得对生活的掌控感。现在，年轻人意识到即使不断掌控，生活也会出其不意地给你一击。于是，他们更想要即使不能掌控生活，即使可能失败，也能拥有保持日常快乐与自在的机制。这样的趋势，我们称之为“心灵激活”。

具体而言，心灵激活包括：

拥抱失败与不确定

不再是要拼命掌控身心，而是更多通过身体与心灵的练习，打破大脑寻求“确定性”的惯性，对不可预测的失败与不确定保持接纳的态度，才能始终获得自在状态。

持续保持快乐能量

不再是以前受虐式的身体训练，而是通过运动、舞蹈等形式主动激活疲惫的身体与情绪，“Swing Dance（摇摆舞），摇摇摆摆，再糟糕的工作，也能高兴一整天”。

因此，在青年文化的相关变化中，我们看到除了在过去保持运动和注重心理健康的努力之外，年轻人开始更多探索和挖掘身心资源，把应对式的身心觉察和掌控转变为主动激活能量的日常自在。

对商业创新而言，跳出目前对身心的狭窄定义，跳出传统的身心健康品类边界，深入挖掘身心的新资源，创新生活方式体验，还有很多新机会值得探索。

即兴喜剧

即兴喜剧没有剧本，只能依靠观众和他人随机给出的信息进行表演。在不断重复练习的过程中，人们将逐渐适应“无剧本行动”的模式，并在没有规划过的剧情中创造出更多可能。

即兴喜剧 © 飞来即兴

BODYJAM 等舞蹈健身团课

在 BODYJAM、HYPERDANCE 等舞蹈健身团课上，人们不需要做太标准的动作，只需简单地跟着教练边听音乐边享受跳舞的快乐，“就像在夜店或者电音节一样！我喜欢的歌这里都有！”

网友分享自己参加 BODYJAM 课程的快乐经历 © 微博网友 @ 神探井咖喱

Swing Dance

Swing Dance 对舞者没有基础条件要求，此外，人们在跳舞的过程中很容易感到快乐，“这种舞蹈在情绪上的治愈性立竿见影”。

Swing Dance© 网络

接触即兴

练习者需要用身体感受和倾听对方，并通过身体接触互动产生出千变万化的动作，人们在不断练习的过程中探索身体的创造力。

接触即兴 © 网络

05 鱼塘主义
从“以卖养买”获取更多尝鲜资源，到万物皆可流转的自足生活

“我曾经在闲鱼上卖我的桃花运，6.66，卖掉了。”

——闲鱼网友

生活主权进化的资源扩展，也涉及对自己所用的生活资源的全面盘活。鱼塘主义的核心，并不是年轻人想要通过简单的二手交易，流转更多资源，满足更多消费尝鲜欲望，而是觉得只有万物皆可流转，生活才能有自足的可能，才有不被胁迫的主动感。这样的趋势，我们称之为“鱼塘主义”。

具体而言，鱼塘主义包括：

盘出生活的乐趣与丰富

不是将不被需要的物品转卖掉，而是想方设法把更多的生活资源，例如技能、兴趣、空间、时间、经验等流转出新花样，创造出可盘活、可寻宝、可社交的丰富性与乐趣性。

“以玩养玩”式的生活扩容

许多年轻人不仅将二手平台看成“以卖养买”的聪明开源手段，而是进一步将其转化为以玩养玩的社群平台，生活中花销很大的爱好都可以在这里交流、流转，甚至成为生活中的副业。

因此，在青年文化相关变化的基础上，闲鱼、多抓鱼等二手交易平台的持续快速成长，电商和社交平台上各种虚拟服务交易量（本质上是个体闲置资源的交易）的暴增，已经是这一趋势的最好验证。

对商业创新而言，不管作为增值服务，还是作为用户运营手段，围绕售后的二手流通环节，还有很多创新空间。从更大的角度来说，这是对产品生命周期以及用户体验周期的重新界定。

（在闲鱼上）出售方言教学

在闲鱼上出售“方言技能”的年轻人，推出了如“江西上饶田墩腔方言”“重庆话教学”“广西普通话一对一教学”等教学产品。

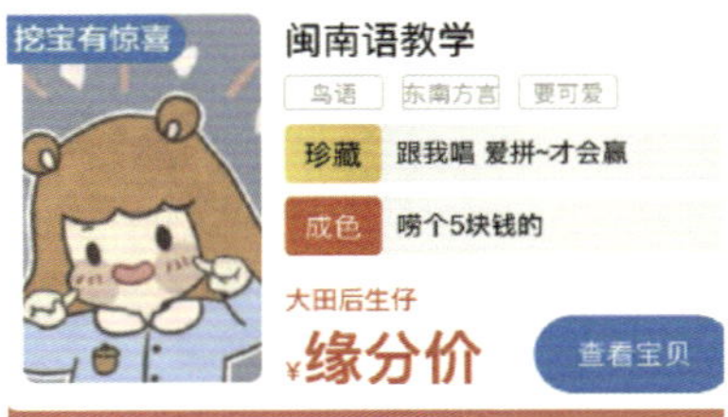

在闲鱼上出售“方言技能”的年轻人 © 网络

转卖二手书籍、物品的“多抓鱼”平台

在“多抓鱼”平台上，人们不仅能买到别人的闲置书籍，还有包括中古玩具、乐器在内的二手物品。

转卖二手书籍、物品的“多抓鱼”平台 © 网络

（在闲鱼上）出售晚安与叫早服务

年轻人在淘宝、闲鱼等平台上推出睡前陪唠嗑、早上打电话提醒起床的“早晚安服务”。

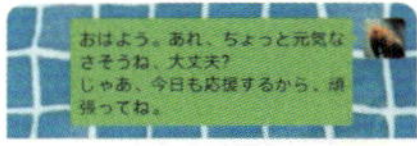

年轻人在闲鱼上出售晚安与叫早服务 © 网络

全民炒鞋

鞋圈里的年轻人不仅会花大量精力和金钱用于收集各类跑鞋，还会适时出售收藏品，以获得更多的购鞋资金，继续投身鞋圈。

B 站 Up 主 @answer824《如何靠球鞋发家致富：买 off white 系列就对了？ air presto ow》© 网络

06 精神返乡
从北漂不得志的被迫返乡，到主动挖掘乡村小城的精神给养

“家乡不再是失败者的退路。”

——刘妍，《留在鹤岗的年轻人》

生活主权进化对资源的重置，也意味着年轻人不只是被大城市的生活方式所打动，更是因为平等开放地理解乡村和小城市的资源，重新审视与发掘其中的价值，从中获得给养。这样的趋势，我们称之为“精神返乡”。

具体而言，精神返乡包括：

未被污染的文化养分

在大城市日益千篇一律的今天，原本被嫌弃的低线小城因本地文化的独特性、未被商业过度开发的原始性，重新成为年轻人获得文化给养的精神故乡。

重新扩展的生存空间

不同于回到家乡从事稳定的小城工作标配，例如基层事业单位的公务员等，今天，主动回到乡村小城的年轻人既可以调用来自大城市的知识与工具，也可以利用低成本的乡村环境，重新构建起自己的生活有机体。

因此，在青年文化的相关变化中，焦点已经不再是压力之下是否应该逃离北上广，而是主动扩展资源边界，把郊区、乡村和小城等都纳入生活的选择中，从内部重新发现新价值。在文化内容消费上，相关题材已经成为新的热点。可以期待的是，中国本土文化的复兴，会从内部多样的地方性文化上打开缺口。

对商业创新而言，是时候重新审视所谓的“下沉市场”概念了。乡村和小城，并不简单是相对一、二线城市成熟消费市场的落后低级市场，而是在未来，会从自身的地方特色中，不断焕发新价值和新生命力的“新本土市场”。很多创新探索，还尚未开始。

热点信号

小城早餐纪录片《早餐中国》

流动摊子里的煎包、小区门口的砂锅米粉、巷子小铺里的烧麦……《早餐中国》记录的家乡小店美食，让许多在大城市奔波的年轻人垂涎三尺。

小城早餐纪录片《早餐中国》© 腾讯视频

B 站 Up 主“野居青年”

在 B 站上走红的“野居青年”是三个在乡野定居的美校毕业生，他们在陕西乡下租下一个院子，自己建房子、除草、修灶、做菜。除此之外，他们还会建造养鱼的“碧池”、乘凉的“因缺思亭”……打造出别有生气的院子。

B 站上走红的 Up 主“野居青年”© 网络

三明治“家乡记忆写作课”

《三明治》开设城市记忆写作课程，帮助人们从语言、历史、地理和生物等多重角度发掘和记录家乡的人、事、物。

三明治“家乡记忆写作课”© 三明治

箭厂视频《逃离大城市回家做棺材》

视频中，三组“90 后”年轻人都有在大城市生活或学习的经历。但他们最终选择告别大城市的压力，回到老家，或做棺木生意，或开菜鸟驿站，或直播卖水果，走出形式多样的创业路径。

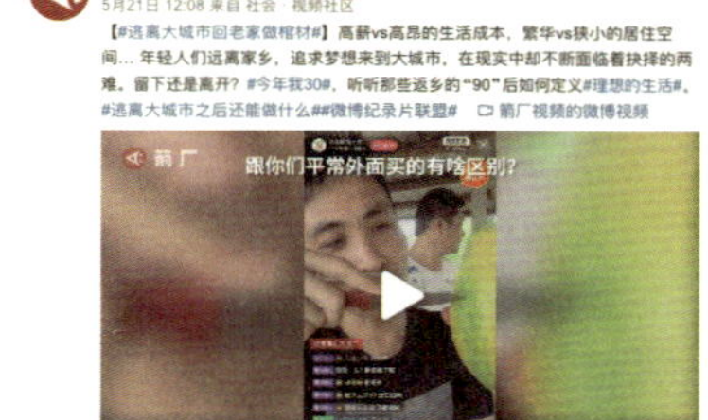

箭厂视频中，海南胖瘦兄弟直播卖水果的画面 © @ 箭厂视频微博截图

"文化杂交"寻找到更为广阔的新产品、新内容与新体验

博物式生活的第二个议题是“如何在现有商品供给之外，寻找到更为广阔的新产品、新内容与新体验”。我们称之为“文化杂交”。

过去几年，在消费主义的驱动下，年轻人不断追逐每个品类的最新产品、服务和体验。这推动了产品服务网红化、爆款常态化以及争夺眼球的跨界营销。

互联网的高速发展，使得过往一切的资源得以不断被保存、呈现、再生产与传播。对于今天的年轻人而言，即使是那些不曾经历过的时代和文化，都可以借助文化消费，成为生命经验的一部分。

而博物式生活，意味着人们对生活有了更多的憧憬，希望看到的不只是传统商品，而是生活世界中更开阔的各种物品、空间和知识的可能性。“文化杂交”，是打开这种可能性的方法，也是正在发生的重要趋势。

文化杂交，首先意味着打破不同文化的边界与内涵。任何地域、时代、社会、文化的资源都是可被调用的资源。同时，杂交也不再是过去强调不同风格的简单杂糅，而是需要深入复杂文化体系的内部，通过将跨越边界、毫无关联的符号有机地转化重组，打开生活的想象力。

“文化杂交”的具体方式，包括从空间入手，杂交其中的属性、角色或事件要素等；从符号和意义入手，杂交其中的高低差异、品类差异以及官方民间差异等；从知识入手，杂交不同门类的知识以及长期被掩盖的知识等。

“文化杂交”的大趋势之下，具体包括以下围绕空间、符号与意义以及知识的五个小趋势。

（一）**空间杂交**

1. 公共空间混制

2. 无限剧场体验

（二）**符号与意义杂交**

3. 万物皆可潮

4. 篡改式消费

（三）**知识杂交**

5. 被拒知识重组

01 公共空间混制
从生活方式的复合空间，到融合差异化空间属性的新体验

“打卡网红 #SKP-S#，充满科技感和艺术感、内容充盈的一个个场景交替出现，感觉自己不是在购物，更像是在欣赏一场华丽的展览。”

——微博网友

过去，线下空间体验已经从原本消费特定主题与功能，演变成体验各类生活方式或功能集合的复合消费体验。然而，随着符号堆砌的复合模式被大量复制，年轻人开始厌倦同质化的消费体验。今天，他们开始喜欢打破空间的原有属性，融合不同功能、人群与审美的差异化混制空间。这样的文化杂交方式，我们称之为“公共空间混制”。

具体而言，公共空间混制包括：

打破空间属性的冲击感

通过打破空间原本承载的功能、服务的人群以及特定的主题审美，刷新年轻人对空间体验的认知。

无法复制的体验刷新

不再是同质化的网红打卡标地，而是能够在精心重制的混合体验中，获得不可复制的惊喜体验，“每一次来都感到被 refresh（振作，恢复精力）了”。

因此，在青年文化相关的变化中，我们看到了传统网红店和网红地标迅速过气，而 SKP-S、超级文和友、TX 淮海等策展式零售商业体成为新宠。年轻人追捧的其他新线下空间，也都具有融合差异化空间属性和通过混制 (remix) 方法，创造非传统新体验的特点。

对商业创新而言，要推动线下体验创新，不得不提高对操盘者的要求。策展作为空间混制创新体验的方法，意味着需要从更广阔的文化脉络入手，持续寻找和定期更替符合当下主题，以新的审美创造力，系统呈现新体验。

百联 TX 淮海 | 年轻力中心

作为策展型零售 CURETAIL 的提出者与先行者，TX 淮海强调通过策展，突破艺术、文化、消费与体验的边界，呈现给年轻人一个全新的综合性融合空间。

突破艺术、文化、消费与体验边界的 TX 淮海｜年轻力中心 © 百联 TX 淮海｜年轻力中心

北京 SKP-S 商场

强调融合艺术、体验和消费的 SKP-S 商场，借助灯光系统、艺术装置等道具，在以 TERRA（大地）、EXPLORER（探索者）、DISCOVERY（发现）和 ENDEAVOUR（旅程结束）为主题的四层零售空间中，描绘了移居火星百年后的人类生活。

强调融合艺术、体验和消费的 SKP-S，以 TERRA、EXPLORER、DISCOVERY 和 ENDEAVOUR 为主题的四层零售空间中，描绘了移居火星百年后的人类生活 ©SKP-S

二手酒馆

二手酒馆会不定时地出现在不同地点，同时还会精心策划不同的主题，并配以不同的酒单和活动。在一系列不同主题的酒馆活动中，人们可以获得如看展、相亲、面试、读诗等不同的体验。

不定时出现在不同地点的酒精活动厂牌【二手酒馆】© 尹夕远

Same Paper 书店 x 情趣用品店

Same Paper 将情趣用品店 Vspot 改造成限时书展，一些人表示“书店和情趣用品的冲击感有点大……”

02 无限剧场体验
从五感沉浸的展览体验，到游走于不同事件的剧场化探险

“水浒城里还有种全场大型电影真人秀的感觉，捕快会随机问你有没有看到告示上的钦犯，然后自己瞬间入戏。”

——@ 柏拉雷

文化杂交，也意味着年轻人对线下空间的理解进一步升级。不再是声光电带来的五感沉浸，而是进一步通过去中心化的布展方式——打破角色与事件的叙述逻辑，打破作品与环境的界限，让年轻人可以随时参与到不同角色，不同的事件和表演，在不断游走冒险中，获得剧场化探险体验。这样的文化杂交方式，我们称之为“无限剧场体验”。

具体而言，持续地获得无限剧场体验包括：

全方位随时随地的参与感

不再是跟随展览的布展顺序参与其中，而是并不知道自己将遇到怎样的演出、事件，“随时随地都有好戏发生”。

能自由探索的沙盘化玩法

不仅像 Sleep No More 那样跟随表演，解锁剧情，而是能自由探索玩法，例如在《秘密影院：007 大战皇家赌场》中，可以不按套路出牌，而是吃吃喝喝，“秘密影院的选择自由度比较高，有个大哥，我都跑完两圈了，还是坐在原地狂吃东西。哈哈。”

因此，在青年文化的相关变化中，我们看到年轻人在社交媒体上捧红了看似不入流的“大宋武侠城”；年轻人不断升级对沉浸式体验的要求，追逐从参与性到社交性全面提升的新沉浸式体验产品服务。

对商业创新而言，这样的趋势也提供了新视角，帮助我们重新塑造线下零售体验。我们可以思考，如何把线下空间定义为某种意义上的“剧场”，重新设计空间环境，重新界定顾客与服务者的角色和关系，重新界定销售的流程和方式。

艺术家陈天灼《入迷》开幕展

在《入迷》开展的前三天，每天有连续 12 小时的 6 场不同主题的表演：演员会不定时走进观众群，与他们互动；由于没有固定的演出顺序，观众可以在展览当天随意进出现场，从而随意进入不同的叙事中，在不同的时空中穿行。

艺术家陈天灼《入迷》开幕展 © 木木美术馆

低配版西部世界“大宋武侠城”

在位于河南开封的大宋武侠城，全天共有近 70 场混杂了不同年代背景、表演形式的表演，并且同一时间段就有好几个表演在不同地点发生，且演出基本没有固定的舞台。

低配版西部世界“大宋武侠城”© 网络

SMG LIVE《秘密影院：007 大战皇家赌场》

《秘密影院：007 大战皇家赌场》的玩家不仅能全方位参与剧情，还能自由探索玩法，比如假装 NPC（非玩家角色）给线索，或是全程就只在桌前吃吃喝喝。

《秘密影院：007 大战皇家赌场》©SMG LIVE

持续半年的《克里斯托世界》巡展

参与者在半年内可以不限次数进入展览空间，并且可以任意在展览里不同时空的街区中穿行，还能自己发起活动。

《克里斯托世界》巡展 © 网络

03 万物可潮 从 A+B 的跨界联名，到入侵式的全品类潮流化

“我以为它是白酒味，我没想到它是真白酒！！！第一次吃雪糕吃得上头。”

——“断片”的淘宝买家

文化的杂交，也意味着传统品类的边界正在不断打破。过去，我们常见的跨界是通过和当下年轻人喜欢的潮流文化进行合作，从而获得 A+B 式的拼贴潮流感。今天，全品类潮流化，意味着所有品类都需要通过引入与自身有差异感的产品与文化，并进一步通过有机结合的方式，刷新自身品类的表达方式以及相关的文化意义。这样的文化杂交方式，我们称之为“万物可潮”。

具体而言，万物可潮包括：

打破品类边界的新鲜感

单一品类，往往受限于自身的品类文化意义、功能和表达方式。而今天的年轻人见多识广，因此打破品类边界，吸纳其他品类文化、功能和表达，才有机会创造新的体验。

可持续的新价值创造

潮流化，不是潮流符号的简单挪用。而是入侵式的，深入产品服务的内部，要能真正创造可持续的新价值。从这个角度来说，每个品类都有可能潮流化，不断刷新自己，成为青年流行文化中的弄潮儿。

因此，在青年文化的相关变化中，产品和营销的大量跨界，很多并没有吸引到年轻人的眼球。留下来的，还是那些真正创新产品审美和功能价值的案例。

对商业创新而言，我们需要重新看待创新的边界以及创新的空间。品类的经验沉淀，只是今天创新所必要的储备，更需要开放地看到自身品牌文化的可能性，精准地选取其他品类和文化与自身品牌和品类的契合之处。

热点信号

敦煌博物馆文创产品“飞天滑板”

在飞天滑板的设计中，有机融合了敦煌文化和潮流文化的理念：飞天是印度神话中的乐舞之神，而飞舞的灵动形象正好与极限滑板文化相呼应。

敦煌博物馆文创产品“飞天滑板”© 网络

钟薛高 x 泸州老窖“白酒断片”雪糕

在雪糕中注入 52 度真白酒的钟薛高雪糕，让人们拥有“吃雪糕也上头”的体验。

钟薛高 x 泸州老窖“白酒断片”雪糕 © 钟薛高

气味图书馆 x 大白兔 联名香氛

这款充满大白兔奶糖气味的香氛，能瞬间将人拉回儿时回忆。在喷上香水的时候，“味蕾都感受到了第一次吃奶糖时的甜蜜。”

气味图书馆 x 大白兔 联名香氛 © 气味图书馆

BIE 别的《我们的浪潮》潮流纪录片

由腾讯视频出品，企鹅影视和 BIE 别的联合制作的纪录片《我们的浪潮》记录了全球来自音乐、设计、时尚等各个领域的潮流达人背后的青年文化故事。“街头人用野草一样的劲头突破边界，占领新的地域，并将一切包罗于其中。”

BIE 别的《我们的浪潮》潮流纪录片 ©BIE 别的

04 篡改式消费
从定制化的消费式参与，到重组材料的完整改制

“我缺的是钱吗？我缺的是会改造的手。”

——网友对泫雅包的评论

文化杂交，也意味着官方和民间的区分变得越来越不重要。过去，我们已经在二次元世界见证了同人创作的火爆。今天，在三次元的世界，篡改式消费正在兴起。

与以往简单的手工爱好，或是选择品牌提供的定制化服务不同，篡改式消费的核心在于，年轻人不再尊重品牌原有的功能与符号主张、审美的霸权，强调自己直接上手，大胆篡改，细心编织，从材料或功能上完全重组出属于自己的品牌用品。这样的文化杂交方式，我们称之为“篡改式消费”。

具体而言，篡改式消费包括：

不满足工业生产的同质性

年轻人开始厌烦商业世界提供的工业化产品，无论是限量还是传统定制服务，选择都始终有限，且很多时候名不副实。

人人都是生产者的主动性

伴随各种工具资源与交流平台的兴起，年轻人有了更多空间可以发挥想象力与创造力，重组出符合自己趣味、用途的产品。

因此，在青年文化的相关变化中，我们看到了潮流圈“潮流改制（Remake）运动”的不断壮大；看到了社交媒体上消费者晒出的奢侈品改造单品；以及年轻人尝鲜线下围绕各种材料的手工改制工作坊等。

对商业创新而言，DIY 的消费者文化会在未来变得更为重要。产品服务创新过程中的消费者参与，会以新的形态不断涌现。品牌需要更好地接纳来自消费者的创造力。正如过去几年，文化产业对消费者二次创造的接纳。

热点信号

手工包 + 奢侈品 logo（商标）的泫雅包

以“手工编织包 + 奢侈品标志包扣”为主要特点的“泫雅包”风靡淘宝和小红书，无数年轻人购买毛线和教程，开始动手制作属于自己的小包。

以“手工编织包 + 奢侈品标志包扣”为主要特点的“泫雅包”风靡淘宝和小红书 © 网络

LV + Levi’s 的潮流改制款

创意机构“InnerAlchemy”将中古 LV 老花包和 Levi’s 的料子拼接在旧衣上，做出无法被复制的改制款。

创意机构“InnerAlchemy”将中古 LV 老花包和 Levi’s 的料子拼接在旧衣上，做出无法被复制的改制款 © 网络

小红书上的 LV 改造运动

小红书上，有年轻人将 LV 原件拆开，利用皮料做出手机壳、拖鞋、耳夹、新包包。

小红书上的“LV 改造运动”© 网络

闲鱼上出售的球鞋面具

一些年轻人将不同型号的 AJ 鞋拆开，重组制作成风格各异的球鞋面具。

一些年轻人将不同型号的 AJ 鞋拆开，重组制作成风格各异的球鞋面具 © 网络

05 “被拒知识”重组

从冷门知识点的猎奇考据，到被掩盖的知识谱系再现

“（《长安十二时辰》）这部剧借鉴了美剧《24 小时》、游戏《刺客信条》的故事情节，融合了诗词歌赋、文言文等中国传统文化，用服饰、饮食等逼真细节刻画了大唐长安最后的荣耀。”

——豆友日老师

文化杂交也是关于知识体系不分专业门类的重组。以前我们所熟知的，是冷门知识的猎奇考据。今天，我们看到年轻人在寻找日常生活背后被折叠、被掩盖的复杂知识谱系。这样的文化杂交方式，我们称之为“被拒知识”重组。

被拒知识，原意为“不见容于宗教、哲学、科学等主流学科的西方神秘学知识”。在这里，我们衍生为一切不被主流所认知、重视，或是不认为有价值的知识。

具体而言，被拒知识重组包括：

深入理解日常生活背后的系统性知识脉络

不只是猎奇或者考据的特殊癖好，而且希望能够借助互联网释放的工具与资源，了解日常生活背后更为广博的知识脉络。

收获跨越学科、历史边界的知识浓度

通过解码日常生活背后原本不被大众主流关注的历史文化知识，理解跨越边界、高浓度的情感想象与历史迷思。

因此，青年文化的相关变化中，我们看到了越来越多打开视野，讲述系统知识的严肃内容开始受到年轻人欢迎。短视频平台上，涌现了很多包括社会学、人类学、经济学和政治学等在内的人文和社会科学理论，帮助年轻人理解当下现实世界各种话题的内容。我们也看到影视综艺等娱乐内容背后所依托的知识体系，同样越来越深入，内容品质不断提升。

对商业创新而言，值得注意的是，娱乐和严肃的边界正在模糊，草根和象牙塔的边界正在模糊，消费者的好奇心和视野不断升级。而人文和社会科学在商业创新中的应用，正在主流化。扎根社会学和人类学，为商业世界提供研究和咨询服务的青年志，也见证了这一趋势的发展。

重述传统文化的公众号“HULU LAb”

“HULU LAb”在《拉面：漫长的去中国化之路》《康熙不饮巧克力：药食同源的晦暗分类法》等文章中通过解构日常食物符号，挖掘当代食物与传统文化的隐秘联系。

HULU LAB

"HULU"取自汉字"葫芦"的拉丁字母化拼音,葫芦既是中华文明的母体,...

18篇原创内容　11位朋友关注

HULU LAB 微信公众号介绍 © 网络

本土爆款剧《长安十二时辰》

该剧在借鉴美剧剧情模式的同时，还融合了唐代传统文化的精细考据。

本土爆款剧《长安十二时辰》© 网络

关注第三世界的公众号“布鲁科夫”

“布鲁科夫”不仅聚焦第三世界的种种新闻，还会梳理新闻背后不被关注的历史渊源。

布鲁科夫

第三世界老友记

174篇原创内容

关注第三世界的公众号“布鲁科夫”© 网络

B 站短视频科普频道“YJango”

B 站短视频科普频道“YJango”:“YJango”的“学习观”系列视频将机器学习、神经网络、深度学习等相关概念，用于解释素质教育、新冠病毒等社会现象。

【学习观16.5】新冠病毒的自我修养：如何统治全人类

104.4万　2-21

B 站短视频科普频道“YJango”© 网络

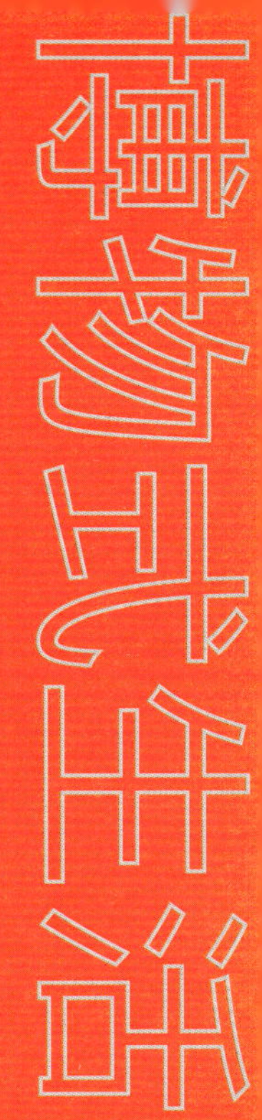

“日常复魅”

转换感知的视觉维度，恢复平凡日常所丢失的魅力

博物式生活的第三个议题，是“如何重新面对周遭世界，转换感知的视角维度，恢复平凡日常所丢失的魅力”。

过去几年，技术发展和商业消费都企图告诉年轻人，“美好的世界、美好的橱窗才是值得追求的，而日常世界是不完美与平凡的，因此，我们需要寻求场景的转换、非日常化的体验来超越日常。”在文化中，我们也看到年轻人谈论的理想生活，通常都包含如何戏剧化无趣的日常，如何扭曲无聊的日常制造新体验以超越日常的乏味。

在博物式生活的向往中，年轻人开始想要跳出由消费主义带来的橱窗式生活，重新深入日常生活的机理中，通过转换感知日常的维度，为平凡的日常带来新的情感和想象力，恢复它所被丢失的魅力。我们称之为“日常复魅”。

在日常复魅的宏观趋势下，延伸出了视角、科技、物品、仪式、时间和自然等转换方法的六个小趋势。

1. 视角复魅：日常改造运动

2. 科技复魅：赛博降维

3. 物品复魅：宝藏消费

4. 仪式复魅：盲盒式迷信

5. 时间复魅：体感时间

6. 自然复魅：原生态自然

01 日常改造运动

从超越日常的全新体验，到转换视角的创造性解读

“为什么那边的云长成那个样子？”

“因为那是风的形状。”

——豆瓣话题 # 你捕到的风的形状 #

日常复魅，首先是关于重新挖掘周遭世界的奇妙之处。过去，日常通常被认为是无聊与无趣的。因此，人们会通过制造游戏化沉浸式的小仪式，或是时空场景的快速切换，来获得超越日常的全新体验。

今天，闲暇时间变得更为有限，同时原本娱乐化的消费式解决方案也日益趋同，许多年轻人开始重新回到日常，或是通过参照现有学科知识、理论与框架，建立自己的景观阐释系统，或是和同好定下解读规则，一起观察和分享，收获打开生活的多重视角，获得对生活新的想象空间。这样的趋势，我们称之为“日常改造运动”。

具体而言，“日常改造运动”包括：

收获解读生活的新视角

许多年轻人或是通过参照现有学科知识、理论与框架，建立自己的景观阐释系统，或是和同好定下解读规则，一起观察和分享，收获打开生活的多重视角。

挖掘看不见的平行宇宙

另一些年轻人通过各种工具方法，扫清肉眼看不见的生活盲点，挖掘在视界之外的“平行宇宙”。

因此，在青年文化的相关变化中，我们看到了浪漫文化的重新兴起。面对细碎普通的日常生活，只要主动转换视角，带入个人的创造性，就可以重新发现新的情感、新的审美和新的意义。从云朵、菌群、彗星，到建筑、物件等，都可以作为年轻人展开日常改造的对象。

对商业创新而言，可以思考如何通过转换视角，创造性地重新呈现品牌和产品服务在日常生活中的形象、角色、功能和意义，刷新消费者认知。商业，需要对生活多一些想象力。

豆瓣“BDO 迷恋患者小组”

BDO 指巨大的、神秘的、拥有不可思议力量的物体。豆瓣 BDO 迷恋患者小组聚集了一群记录与分享“巨大沉默物体”的爱好者，在他们分享的图片里，包括了拥有震慑感和超脱感的野兽派未来主义巨型建筑、井然有序或颓唐萎靡的工业景观，以及罕见气象天象、荒诞奇观、广阔或无限的空间。

豆瓣“BDO 迷恋患者小组”聚集了一群记录与分享“巨大沉默物体”的爱好者 © 豆瓣 BDO 迷恋患者小组

科学赏云协会

赏云协会基于气象学知识，自建了一套云彩分类图库，还配套了解读云朵及相关气象知识的书籍，成员自称可以“科学赏云”。

科学赏云协会 © 网络

研究微观菌群的“曳尾菌”

“曳尾菌”通过微观镜头观察和记录肉眼看不见的菌群世界，这些由鳞钙皮菌、鹅绒菌等生物组成的微观世界吸引了大批网友关注。

“曳尾菌”通过微观镜头观察和记录肉眼看不见的菌群世界 © 网络

OPPO《视界之外》影像展

在 OPPO 举办《视界之外》影像展里，展出了人们拍摄的一系列照片，包括日常生活中不被注意的街景以及人们滑稽的表情和行为。

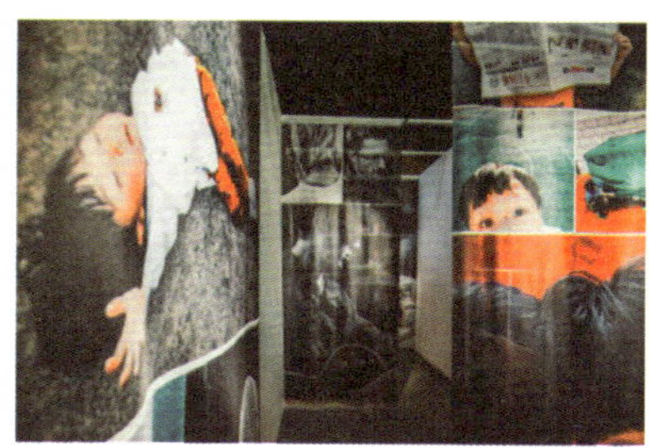

OPPO《视界之外》影像展 © 网络

02 赛博降维
从提供超越性体验的黑科技，到拥有日常情感的人工智“障”

“圆乎乎的机器人在家里跑来跑去做清洁，总会傻傻地绕来绕去，像个脑子不太灵光的傻儿子。”

——《每日人物》读者小傻子

日常的复魅，也需要重新定位技术在人们生活中的价值。通常，技术所代表的恰恰是效率与精准性，人们渴望前沿技术能提供超越性体验的未来完美生活。然而，真实的情况是很多时候，技术是冰冷的，甚至是令人恐惧的，更多时候也是情商低下的，更没有达到人们真正期待的智能程度。

因此，要日常复魅，年轻人开始重新期待技术能更为情感细腻。能让消费者津津乐道的，反而是功能简单甚至略显傻气，却能在日常情境中懂情感、凸显人性的降维科技产品。年轻人对于描述日常生活黑科技的人工智能越来越不感兴趣，但是对于偶尔展露细腻情感的“人工智障”却兴致盎然。这样的趋势，我们称之为“赛博降维”。

具体而言，赛博降维包括：

有缺陷的伙伴

年轻人不再把科技看成无所不能的专家和救世主，而是把科技看成一起探索和面对生活的伙伴。有缺点，也会不断进化，陪伴左右。

弱需求场景中的情感交互

年轻人所理解的生活中的重要场景，很多并不在传统技术创新的思考优先级中，可能看起来都是弱需求。但这些往往是打动人心的重要生活场景。场景中的交互，重点不是解决方案有多完善，而是交互中的情感浓度，交互中的情商，是否能打动人。

因此，在青年文化的相关变化中，我们看到了年轻人更愿意谈论科技产品在生活中意想不到的出现场景，意想不到的对话和沟通。不管是调皮的小爱同学和扫地机器人，还是过时的复古科技产品，都成为年轻人讨论的话题。

对商业创新而言，需要思考的，不能只聚焦在技术的效率、技术的问题解决能力上，也需要深入思考技术和人之间的情感交互方式，以及深层次的技术与人之间的关系问题。

酒店服务机器人

酒店服务机器人并不是一个“莫得感情的机器人”，它不仅可以自动送行李和食物，还会像“人工智障”一样和人打招呼，或是对阻挡它前进的人说“请让一让”。

酒店服务机器人 © 网络

特斯拉的“爱犬”模式

当特斯拉车主需要暂时离开汽车时，可以开启“爱犬模式”，为待在车内的爱宠设定舒适温度，并在中控屏上提示路人“不必为宠物被留在车内感到担心”。

特斯拉的“爱犬”模式 © 网络

宛若“智障”的扫地机器人

对于家中绕不过障碍物的扫地机器人，人们戏称它们为“脑子不太灵光的傻儿子”。

对于家中绕不过障碍物的扫地机器人，人们戏称它们为“脑子不太灵光的傻儿子”© 网络

会放屁的“小爱同学”音箱

小米智能音箱“小爱同学”在接收主人的“放屁”指令后，会发出“噗”的声音。该隐藏功能一经发现，许多网友跃跃欲试，也开始挖掘“小爱同学”打嗝、说方言的技能。

B 站 Up 主 @ 玛格丽特の爱发布的视频《为什么我的小爱同学会放屁》© 网络

03 宝藏消费
从常规的工业化产品，到有丰富故事与文化记忆的宝藏物件

“我们的混蛋消费主义就是重新编码，游击式的，将反消费主义注入消费，发掘消费的边缘，将其带入聚光灯下，带来滑稽和窃笑。”

——趋势联合观察者“公路商店”

日常复魅，也意味着如何重新挖掘日常物品的价值。宝藏消费的重点不是找到小众的产品，而是即使是常规的工业化产品，也可以抓取到被大众忽略的解读视角，通过重新整合与定义产品背后的意义与符号体系，将其打造成拥有丰富情境与文化记忆的宝藏物件。这样的趋势，我们称之为“宝藏消费”。

具体而言，宝藏消费包括：

重新审视寻常之物

常规产品容易落入雷同的故事和审美表达。因此，要寻找日常物品的独特性，如公路商店所说，需要去除消费主义痕迹，从相关其他文化中挖掘和挪用新资源，重新发现和塑造寻常之物的不寻常之处。

在现有商品之外寻找可能性

不把眼光局限在当下各种最新的商品供给，也不觉得新的就一定是时髦的，而是从不区分时间和空间、更广阔的日常生活中寻找新资源，由此创造日常的独特性。因此，旧物，老物件，“垃圾”，不常见物品，其他文化中的日常物等，所有这些并不在当下消费热门商品清单上的物品，都成为新的宝藏。

因此，在青年文化的相关变化中，我们看到了古着 (vintage) 消费的持续增长，古着商店成为年轻人日本旅游的新热门地点。公路商店也从非常小众的亚文化内容电商，逐步发展成为内容爆款加持的年轻人前沿审美和消费冒险地。这并不是通过追求小众品牌来彰显自己的身份地位，而是通过不局限于主流消费，来扩充自己对丰富多元的日常生活世界的理解。

对商业创新而言，传统消费主义的故事讲述方式正在过时。可以思考的是，如何熟练调用小众多元文化资源，重新讲述产品服务的新故事，打造新符号和新意义，让日常消费品不断获得文化属性的加持。

淘海外 vintage 旧货的“破烂儿大老王”

在广州“破烂儿大老王”里，聚集了许多店主定期从海外淘回的旧物，比如可口可乐古董杂志内页海报、老福特车轮毂商标、美国 IDEAL 公司 1966 年生产的 giggles 娃娃等。

淘海外 vintage 旧货的“破烂儿大老王”© 破烂儿大老王

“公路商店”出售的笔记本

在“公路商店”上出售的笔记本 Composition Book，看上去平常无奇，但曾是风靡美国的嘻哈歌手的手稿册，与美国嘻哈文化有着紧密联系。

在“公路商店”上出售的笔记本 Composition Book© 公路商店

“玩物丧志集”举办的《好奇柜 3：魔都娃娃》特展

这场展览展示了数十位摊主的宝贝，如古董娃娃、中古玩具、古着旧物、手工造物、神秘手稿以及各种好奇柜周边衍生品。

“玩物丧志集”举办的《好奇柜 3：魔都娃娃》特展 © 网络

闲鱼上各类稀奇古怪的骨骼标本

如软体动物透明骨骼标本、用鸟类骨骼制作而成的“神秘主义”骨骼标本。

闲鱼卖家 @Boneroom 骨宿上架“神秘主义”骨骼标本 © 网络

04 盲盒式迷信

从小惊喜的消费体验，到不确定性的日常神秘感仪式

“推荐迷信人士都去试试盲盒，太有仪式感了，闭着眼睛坐在床上摇手机的时候，我感觉我摇出了命运。”

——@kkkkkudoukid_

日常复魅，还可以通过转换日常的行为习惯，引入不确定性作为日常神秘感仪式。这样的趋势，我们称之为“盲盒式迷信”。

具体而言，盲盒式迷信包括：

低成本的“玄学”惊喜

通过追一辆不确定运行时间的地铁，或是蹲守一个隐藏款盲盒来作为日常神秘感仪式。盲盒式的玩法为年轻人原本固定的生活轨迹带来了无法预测的不确定感。只需要花几十块，甚至不花钱就能拥有赌博式的惊喜体验。

“寻宝”过程乐趣多

同时，无论是抽盲盒，还是找彩蛋，玩家们的上瘾行为不仅局限在抽到的一瞬，也能在过程中收获意想不到的乐趣。例如，各类吸欧仪式层出不穷，“抽前默念抽好牌，播《好运来》作拆盒 BGM（背景音乐），请最近运气好的朋友来代拆”等。

因此，在青年文化的相关变化中，我们也看到了盲盒消费的崛起；日常各种相关话题和行为的持续增多；神秘主义相关内容消费持续成为热点。

对商业创新而言，比直接应用盲盒形式更重要的是进一步思考，如何增加消费体验中的不确定性，打破一些惯性，创造日常的神秘色彩。

POP MART（泡泡玛特）线下盲盒自动贩卖机

在城市商场里的 POP MART 盲盒自动贩卖机里，人们可以便捷地“抽盲盒”。

POP MART 线下盲盒自动贩卖机 ©POP MART

线上摇盲盒试欧气

在小程序“泡泡抽盒机”里，人们可以在线“摇”盲盒抽娃娃。

在小程序“泡泡抽盒机”里，人们可以在线“摇”盲盒抽娃娃 © 网络

故事 FM x 轻芒发起的“追运行时间未知的地铁展览”活动

主办方将“好内容 · 行动展”置于北京 10 号线上日常运行的某一趟地铁中，由于这辆地铁的运行时间未知，很多参观者选择加入“追 10 号线地铁”行动，和别人一起卡点追地铁、看展览。

故事 FM x 轻芒发起的“追运行时间未知的地铁展览”活动 © 网络

“列文虎克青年”

列文虎克青年，通常用于指代把图片放大数倍后研究小细节的人。生活中，他们乐于放大各种文娱内容的图片，找寻故事的彩蛋，探寻官方剧情之外的线索。

生活中，“列文虎克青年”乐于放大各种文娱内容的图片，找寻故事的彩蛋，探寻官方剧情之外的线索 © 网络

05 体感时间 从碎片化的高效日常时间，到遵从感受的时间扩容

“就像换季加衫要看天气预报里的‘体感温度’一样，比起格林尼治标准时，不安分的‘体感时间’，或许才是更合理的生活度量单位。”

——Voicer，《对方正在输入……》

日常复魅，也可以从时间维度入手。我们感知到的日常时间通常是标准化的，也是线性的。随着日常生活的节奏加快，许多人开始强调找到日常中的碎片时间，高效利用。但伴随社交媒体和信息技术的发展，时间愈发的碎片化，无论如何追赶，永远觉得时间不够用。

因此，许多年轻人开始通过改换对时间的感知方式，或是用更为感性的方式感受时间的流速，或是改造时间运行的规则，扩容自己的时间，来重建对生活的感受。这样的趋势，我们称之为“体感时间”。

具体而言，体感时间包括：

重定生物钟

不再是服从标准化的数字时间，而是自定时区，建立个人化的时间与生活感知方式。

解锁新视角

不再是追赶线性的时间流，而是通过改变时间运行的规则，收获看待生活的新视角。

因此，在青年文化的相关变化中，我们看到了围绕时间感知的讨论增多，新的感知方式探索也在增多。年轻人想要摆脱日常生活的高节奏压迫感，寻找自己可以主动从容把握的生活感受。

对商业创新而言，我们过往很多产品服务的创新关注点，都集中于理性解决时间的效率问题。未来可以思考的是，如何基于时间的个体感受，包括感知方式、记录方式和管理方式等，重新设计相关体验。

关于碎片化时间感的讨论

项飙与许知远在《十三邀》中讨论了时间的“即刻性”，并谈及数码节律下追求即时性的人们，对等外卖的 5 分钟也斤斤计较的事实。

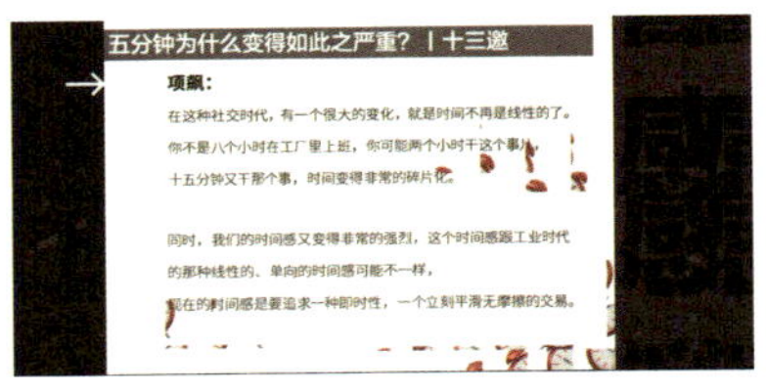

关于碎片化时间感的讨论 © 网络

B 站上的吃播倒放视频

在吃播倒放视频中，吃播主边吃边将食物“还原”成完整形态，比如会出现一盘口水鸡被“吃”成活蹦乱跳大公鸡的情节。网友表示看吃播倒放可以“从新视角审视这个貌似很 boring（无聊）的世界”。

B 站 Up 主 @ 来自四川的 fans 上传的吃播倒放视频 © 网络

Gooday App

在该应用中，人们可以用情绪和颜色标注日期。

用户可以用情绪与颜色标注日期的 Gooday App© 网络

时间紊乱时刻的相关文章

独立媒体 Voicer 在 2019 年 9 月 5 日的微信推文《对方正在输入……》中，提及了“体感时间”的概念：“就像换季加衫要看天气预报里的‘体感温度’一样，比起格林尼治标准时，不安分的‘体感时间’，或许才是更合理的生活度量单位。”许多网友受此启发，在该文的评论中分享了自己的“体感时间”。

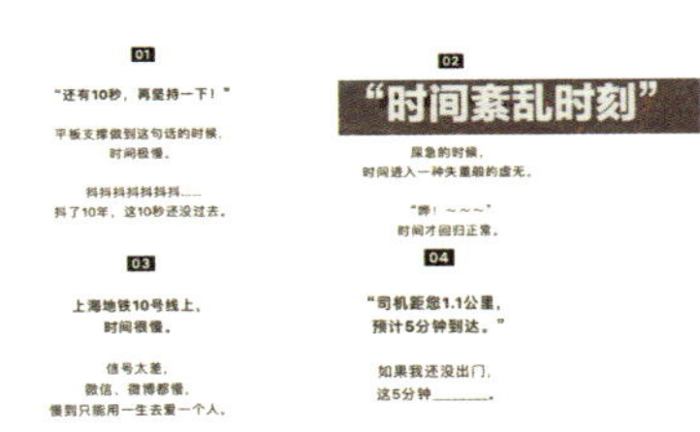

独立媒体 Voicer 在 2019 年 9 月 5 日的微信推文《对方正在输入……》中，提及了“体感时间”的概念 ©Voicer

06 原生态自然 从自然符号的点缀，到低成本的自然生命感知

“在西瓜上有三农类、赶海类原生态 vlog，以前我们觉得很 low，是下沉市场的传统消费者在看，但是从数据看很多年轻人喜欢，不仅会看还买。评论说是‘精神农家乐’，去闲散，去放松。”

——联合趋势观察者 西瓜视频

日常复魅的最后一个小趋势，是关于自然。从早前的多肉植物风潮，到后来的室内大型绿植龟背竹等，年轻人试图在日常生活中引入更多自然的符号。现在越来越难以在都市水泥墙中感受自然的年轻人想要在日常中能随时感知到自然生命力。这样的趋势，我们称之为“原生态自然”。

具体而言，原生态自然包括：

穿越到田园的“精神农家乐”

无论是赶海，还是更多田园自然的视频，年轻人得以在原生态的自然实录中收获到日常难得的自然体验。

感受生命变化的自然陪伴

不仅仅是将植物作为日常空间的装饰品，而且享受照顾与陪伴植物的过程，“种菜还能让人更真实地感受到四季的变化、时间的流逝”。

因此，在青年文化的相关变化中，我们看到了年轻人对家居及城市中的自然体验兴趣持续增长。年轻人开始深入日常生活，关心身边的植物和动物，关心人和自然的关系。

对商业创新而言，我们不能把对自然的热爱简单理解为环保和可持续，而是要理解高节奏的城市生活需要更开放地接纳自然，塑造新的有生命力、有人味儿的日常生活体验。不管是苹果零售店室内种植的树木，新加坡樟宜机场的热带雨林，还是日本的公园式商业体复兴，都在加速这个趋势的发生。

睡前看赶海视频

“赶海视频”的内容主要以记录渔民出海打鱼，或是在退潮的海岸边捞海货的日常为主。在赶海视频里看看海洋生物、听听海浪声，已经成为城市“社畜”睡前的“精神农家乐”。

在赶海视频里看看海洋生物、听听海浪声，已经成为城市“社畜”睡前的“精神农家乐”© 网络

新加坡樟宜机场

新加坡樟宜机场将自然系统引入公共空间，不仅在零售空间里穿插了四季常绿的花园、森林谷，还设置了室内大瀑布“雨旋涡”。

新加坡樟宜机场将自然系统引入公共空间 © 网络

“好好住”的住友在家中自建生态系统

在“好好住”上，不少住友在家中种植各类植物，添置加湿器，自建生态系统。

在“好好住”上，不少住友在家中种植各类植物，添置加湿器，自建生态系统 © 网络

走红国外的原始生活方式博主李子柒

在李子柒的视频里，在乡下拥有一座大菜园的她种田、烧菜、染布、酿酒……这种岁月静好的田园生活令许多网友心生向往，“这就是种田文的女主啊！”

走红国外的原始生活方式博主李子柒 © 网络

“创新前瞻”

超越场景的日常世界

与将品牌作为策展人

大平原开启以来，我们认为，品牌的角色，需要从生活方式的引领者转为生活方式的共建者，以更为开放的方式，应对年轻人任性自得的消费升级。今天，博物式生活的新趋势之下，以人—物品—世界为核心的逻辑，正在逐步取代消费者—商品—橱窗的逻辑。品牌作为生活方式共建者，如何围绕生活主权、文化杂交与日常复魅，创新产品服务，推动生活方式演进？

对品牌来说，有两个关键问题值得讨论。第一个问题是关于日常。博物式生活的趋势下，年轻人对于消费的认知和行动进一步打开，日常生活世界成为欲望求真与资源求活的关键来源。对日常的重视，并不是小清新或小确幸的回潮，也不是烟火气或接地气的伪装。博物式生活，需要品牌超越场景，持续对日常生活、世界资源深入挖掘，重新想象与系统应用。

品牌应当深思，我们如何看待日常？我们是否真的理解日常？是否能有效驾驭日常？日常并不局限在品牌所熟知的，与消费行为相关的一个个细分真实场景；也不局限在品牌自说自话所塑造的种种欲望。我们的产品和服务，品牌和沟通，应该出现在日常更广阔的世界里。围绕日常的创新，需要品牌从时间、空间、自然、意识、物品、仪式、技术等维度切入，重新建立对日常的全新感知和想象，重新发现欲望，重新调用资源，系统创造博物式生活。

另外一个问题，是关于策展人。今天，品牌作为生活方式共建者的角色需求，无法仅仅依靠自身作为创造者来解决。因为品牌能提供的，相比于年轻人对博物式的生活向往，仍然极为有限。早在 2017 年末的青年日趋势发布上，我们就已经指出，跨界和限量作为增加消费者任性自得消费选择手段的重要性。过去两年，我们见证了品牌进行的大量跨界尝试。无论是营销沟通，还是产品创新，跨界已经层出不穷。但背后遵循的逻辑，更多落入注意力争夺与流量获取。跨界带来的创新可能性，还远远没有打开。跨界的创新逻辑，大部分还没有转换到，如何以文化杂交方式，在空间、符号、意义、知识体系等方面的有机重组，创造真正新的可能性。

因此，在注意力稀缺、跨界已成常态、万物皆可潮流化的文化杂交新趋势下，**品牌需要成为策展人，换个方式展开生活方式建设实践，应对博物式生活**。什么是策展人？ 他需要熟悉不同作品和不同创作者之间的核心共性和差异；他需要有明确的问题和观念来选择作品；他需要有明确的方式，把作品放置在同一空间中形成有机新关系。品牌作为策展人，需要穿透多元生活方式的流变，不简单追逐某一种当红生活方式，不局限在基于品类资源的创新，而是需要把多元生活方式、自身品类以及其他品类文化、青年流行文化等梳理打通，放入更为广阔的文化脉络，以文化杂交的方式增加想象力，推动商业创新。

这对企业提出了新要求。第一，**企业需要真正花时间搞清楚自己**。只有系统建设和把握好自身品牌精神、产品审美取向以及包括愿景使命等在内的组织文化，品牌才能作为策展人，真正在多元的青年文化和跨品类文化的碰撞中，获得创新机会和市场空间，而非简单的 logo 联名、包装设计改换。第二，**企业需要把开放协作常态化**。品牌作为策展人，理想生活的共建者，不仅需要与消费者共创，也需要与生态中的文化创造者、传播者等多种角色共创。这不是品牌习惯的 KOL 代言、媒体投放和公关等操作，而是真正意义上的开放协作的共建。例如，TX 淮海｜年轻力中心，在策展新零售的实践操盘中不仅提供常态化的社群活动空间和媒体报道内容来联结各个社群，还成立了专门的文化委员会，集合潮流文化、科技文化和艺术文化的关键个人和组织，展开共创。

第4章

自我决策

重定自我刻度

我们来看看今天年轻人如何面对定义理想的自我。

“昨天送单被雪水浇透的时候我一下子想明白了，我当初糊里糊涂来送外卖时的原因——我只是想找一块粗粝的磨刀石。25 岁以后我只能对事物做出两种反应：这个我喜欢和那个我不喜欢，任何中间地带仿佛都是对自己权威地位的威胁。我已经习惯了通过追求不属于我的东西让自己变得体面，但是每次都让时间撕掉了遮羞布，这让我的人生充满了讽刺的重复，甚至在铸造这把‘刀’的时候也是如此。二十几年来只有人帮我制造幻想，没有人教我克制欲望。所以刚开始做外卖员的时候我内心充满了愁苦和狼狈，如今这把‘刀’已经变得锋利，我的内心也归于平静……以后不论贫穷或者富有，高峰或者低谷，拥挤或独处，显赫或者贫穷，高贵或者低贱，我都可以平静地接受它们，我的选择只会出于打磨掉欲望后生命的真正渴求，只有如此，我才不会被时代击败。”

——张根《三十而砺》

最早谈论“90 后”，我们形容说是深度自我，强调的是寻找兴趣，探索与兴趣匹配的工作，开始对人生意义问题感兴趣。

2017 年，大平原刚开启，面对流动风险和机遇，年轻人强调的是动态自我，想让自己动态地进行自我探索和发展，用变化的能力适应变化的机会。因此，他们要求自省敏锐，能随时了解自身状态。要求自己能开放学习，从干货到边缘知识，不断提高自身能力。要求自己不但会玩能造，有原创能力，也能把兴趣转变为技能。

但是这种动态自我的期待，也意味着自我需要不断变化和流动，由此带来的身心疲惫和撕裂，不断增多。

因此，2018 年，我们已经开始看到，年轻人越来越理解自己的身心复杂性。在一边继续尝试动态自我之外，他们开始探索如何有烟火气地真正接纳自己，开始更多向内询问自己要什么而不只是在向外探索中磨炼自己。开始学习如何从强硬的自我掌控自律要求，转变为更平和的持续感知整理自己也许不太完美的状态；开始给自我的理解留下空白，知道无论是从科学还是神秘学角度，自我都是极为复杂有待探索的。

今天，无论是向外寻求灵活应对的动态自我，还是进一步感知身心状态的复杂内心，都无法应对“内外迷航”加深的现实状态。随着传统知识、经验、关系等参照物的进一步解体，外部的风险与残酷已经成为年轻人生活的底色。面对动荡的世界与不确定的未来，许多年轻人都表示“关于未来很害怕、很担心，总觉得超出自己的掌控，不管怎么努力都没有结果”。同时，阶层、年龄、职业等传统个体用来自我认知与人生规划的关键性坐标轴也逐渐失效。

在文化中，“过劳”不仅是频繁出现的热门话题，也是今天年轻人普遍感知到的身心状态。无论是“三十不立”“996 社畜”，还是“人生信条松动”“全面低欲望”，个体的自主与掌控正遭受前所未有的内外部冲击。**“如何重新认知与确立自我的价值刻度”**成为年轻人在寻求个人成长与发展时的关键性议题。答案是以内部自我感受作为参照标准。

因此，新的理想需要在混乱与冲突的现实中重新寻求自我刻度。这样的大趋势，我们称之为“重定刻度”。

年轻人对自我的构建也不再是大平原开启时为了应对外部的风险和机遇而寻求灵活拓展的动态自我，而是需要在混乱与冲突中重新寻求自身刻度。我们称之为“重定刻度”。

重定刻度，首先意味着不再只是系统化地理解内部与外部世界，而是需要在复杂纵深现实之中，**扩展对自我与世界的认知与理解，建立真实感与行动力。**同时，重定刻度也意味着不再是以往为了应对外部风险与机遇，寻求自身能力的动态刷新，而是**需要重新确立自身标尺，**才能保证哪怕没有方向与外部参考，也能始终拥有创造与表达的勇气与能力。

这样的自我所强调的，已经不再是为了规避风险寻找兴趣的深度自我，不再是从当下创造未来，持续刷新的动态自我，也不是因为身心撕裂而接纳复杂的自我，而是面对不确定的内外部时空，重新确立自身价值体系，“重定刻度”的自我。

为了重定刻度，年轻人必须面对且处理三个议题：

扩展真实

如何通过扩展对自我与世界的认知与理解，磨砺自己的欲望，建立真实感与行动力？

破壁重启

如何不受现实以及自我能力的局限，找到适合自己面对问题的解决办法？

全人创造

如何打破现有方法和规则，基于对自身和世界的感知进行新的创造和表达？

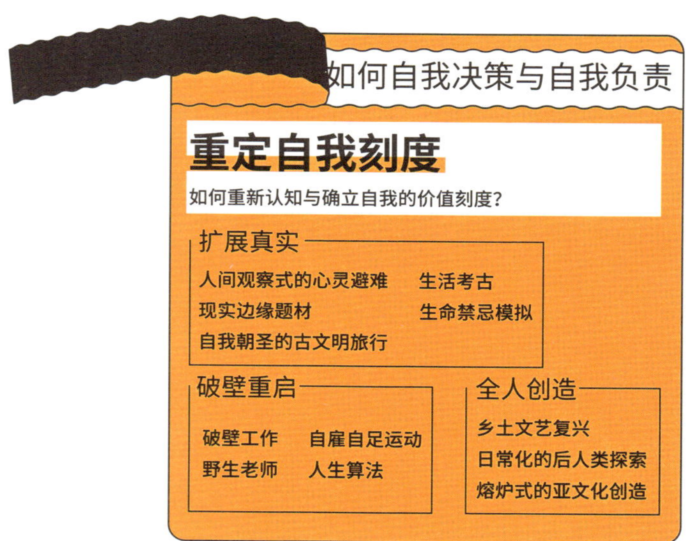

“自我刻度”趋势结构总览 © 青年志

重定自我刻度

“扩展真实”

扩展对真实世界的感知与理解力，锚定身心获得根源上的力量

重定自我刻度的第一个核心议题是如何扩展对真实世界的感知与理解力，从而锚定身心，获得根源上的力量。这样的趋势，我们称之为“扩展真实”。

扩展真实的核心，不是找到初心，或是接纳平凡脆弱的真实自我，而是可以不受限于个人有限的经验、知识、信息与价值观的桎梏，通过理解外部世界与自我身心的复杂性与系统性，来增加面对真实世界的理解力与行动力。

扩展真实的方法有两种。向外扩展，从离自己最近的家庭生活，日常现实生活，到其他文化中的真实生活。向内扩展，涉足过去避免谈论的生老病死等生命禁忌问题。

因此，扩展真实，包括向外扩展与向内扩展两个维度的五条小趋势：

（一）向外扩展

1. 人间观察式的心灵避难

2. 现实边缘题材

3. 生活考古

4. 自我朝圣的古文明旅行

（二）向内扩展

5. 生命禁忌模拟

01 人间观察式的心灵避难
从高成本的独处，到在生活烟火中获得接纳治愈

“淘宝直播，我每晚的菜市场！你去没什么人气的直播间，大家就跟串门一样相互打招呼。”

——三七小婕

之前，年轻人寻求心灵避难的方法是尽量独处，有条件的话，禅修更好。但在更为碎片化的时空中，独处的成本太高。因此，许多年轻人开始选择更低成本的人间观察，通过把目光转向他人的真实生活，吸食生活烟火气，在他人生活的细碎片段中，获得接纳与治愈。这样的趋势，我们称之为“人间观察式的心灵避难”。

具体而言，“人间观察式的心灵避难”包括：

脚踏实地的生活真实感

不同于剥离外界纷扰，自我隔绝式的独处掌控，许多年轻人反而在充满烟火气的地铁、菜市场或超市中，收获到脚踏实地的生活真实感。

生活百态的疗愈力

无论是在路边偷偷采集路人的生活片段，还是深夜直播间的故事交换，年轻人在形形色色的生活百态中，捕获到不经意的温暖。“最打动凡人心的果然还是一件件凡人事啊”。

因此，在青年文化的相关变化中，我们看到超市和菜市场等被传统观念认为是中老年人专属的场所，现在成为年轻人日常休闲放松的新选择；以普通人的真实故事为内容，愈发受到欢迎；基于日常生活情境，随时减压和治愈的需求不断增长。

对商业创新而言，我们长期习惯了在品牌和沟通层面讲述带着滤镜的理想生活，而不太擅长讲述日常烟火气生活的美好。我们开始习惯制造有格调设计酷炫的产品，而不太擅长做好一件简单踏实让人舒心的日常用品。可以思考的是，商业创新如何真正扎根于日常生活烟火气，成为个人自我治愈可以依赖的对象。治愈需求所带来的创新机会，会比想象的还要大。

热点信号

超市和菜市场

对于时不时去超市和菜市场逛逛的人们而言，那里不仅有琳琅满目的水果、蔬菜、零食、小吃，还有摊主的叫卖、陌生人的对话，是一个绝佳的“人间观察地”，“我喜欢在超市做人间观察，缓解悲伤，特别有趣”。

对年轻人而言，超市和菜市场是“一个绝佳的‘人间观察地’”© 网络

微博“偷听 bot”账号

微博“偷听 bot”致力于收集人们在路边偷听到的片段，并将用户投稿整理成文发布。网友不仅乐于每天阅读其中的内容，还会主动参与其中分享自己偷听到的日常片段。

偷听bot

12月5日 18:44

：敦煌到兰州的绿皮火车上，遇见一家人。

路过戈壁滩，爸爸拍照：“多么荒凉啊！”

又扭过头对着儿子：“就跟你的知识一样。”

微博“偷听 bot”致力于收集人们在路边偷听到的片段，并将用户投稿整理成文发布 © 网络

深夜刷视频弹幕

在一些 B 站视频里，年轻人会在弹幕中分享自己日常不敢暴露的脆弱经历。比如在《被生命厌恶着》的弹幕里，许多年轻人第一次讲起自己曾经试图自杀的经历，一些网友也会回以鼓励的弹幕。

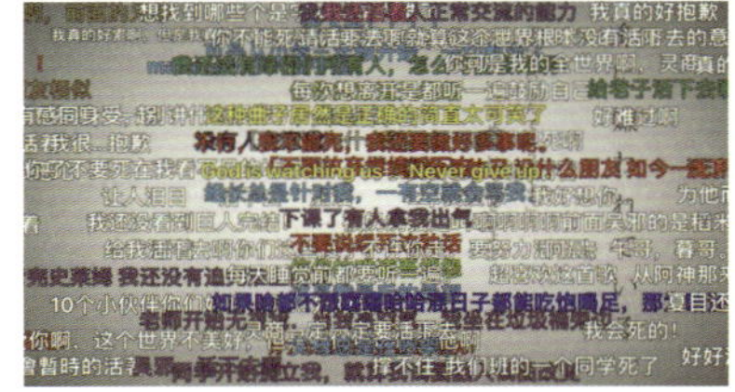

年轻人会在弹幕中分享自己日常不敢暴露的脆弱经历 © 网络

在闲鱼转卖理由中看人生

在闲鱼上搜索“分手”等关键词，可以在闲置物的卖家理由中挖掘出如“前男友心酸分手史”“舔狗回忆录”等人生百态故事。

刚才在闲鱼看了一圈转公司年会抽奖的
有些公司抽MacBook AirPods 这种工作在哪找的
查看翻译

年轻人，在闲鱼转卖理由中看人生 © 网络

02 现实边缘题材 从同质化的普通人故事，到扫描不被关注的现实盲点

“没有滤镜没有玛丽苏的青春，疼，但是这才是我们大多数人经历过却又遗忘掉的记忆。”

——豆友刘十九《少年的你》短评

对真实理解的扩展，也涉及年轻人对现实边缘题材的兴趣不断提升。这并不是简单关心弱势群体或边缘话题，而是年轻人想要真切地了解现实生活中容易被忽视的残酷，容易看不到的真实。这些过往忽略的现实，年轻人发现，其实与个人生活息息相关。

无论是深入道德边界的社会问题，被轻视的“生育屎尿屁”，还是聚焦底层小人物的悲欢日常，它们都展现了现实生活背后更为复杂与多层次的真实面，也揭示了年轻人未曾思考过的问题与行动方案。这样的趋势，我们称之为“现实边缘题材”。

具体而言，“现实边缘题材”包括：

更好地同理他人和自己

因为参与讨论和更多了解以往被忽略的现实话题，不仅对其他人抱有了更多的同理心，也对自己曾经类似的遭遇释怀。

提早面对现实做好准备

通过了解现实的复杂，年轻人得以更早思考人生的意义和价值，工作和生活的选择，以及学习如何应对，解决问题。

因此，在青年文化的相关变化中，我们看到校园霸凌和家暴，家庭与学校教育问题，亲密关系和职场 PUA 伤害问题等成为新话题热点；短视频平台上，普通人日常工作生活的艰辛记录，也成为转发讨论热点；防灾自救知识等，也成为新的关注点。

对商业创新而言，如何直面现实生活的复杂和风险，从真实中获取力量，已经成为无法回避的问题。现实的艰辛与焦虑，普通人面临的矛盾和冲突，成功和失败，高兴与挫折，都需要品牌富有同理心的深入理解和把握，并以新的叙事话语，重新激励年轻人安身立命。否则品牌难以得到大众的情感共鸣，也难以在今天的社会和文化语境下真正建立品牌资产。

热点信号

纪录片《人间世》第二季

这部片子展现了病患、家属、医生、医护人员等不同视角下的医院生死故事。

《人间世》第二季 © 网络

电影《少年的你》

在关注校园霸凌的电影《少年的你》热映后，网友在社交平台上展开了一大波关于校园霸凌、家庭与学校教育问题的讨论。

电影《少年的你》© 网络

关于“生育屎尿屁”的系列讨论

在 10 万 + 热议文章《生育中那些没人告诉过你的屎尿屁：是苦痛还是自由？》中，作者将以往被忽视，或是被回避的生育疼痛与屎尿屁后遗症细节公之于众，引发读者的强烈共鸣，“光是读着文字就能感觉全身带痛……却是很多女性的真实经历”。

关于“生育屎尿屁”的系列讨论 © 网络

热剧《我们与恶的距离》

该剧通过展现无差别杀人案中包括加害者及其亲属、辩护律师和社会舆论在内的各方所处的真实情境，深入道德边界的灰色地带讨论善恶边界。

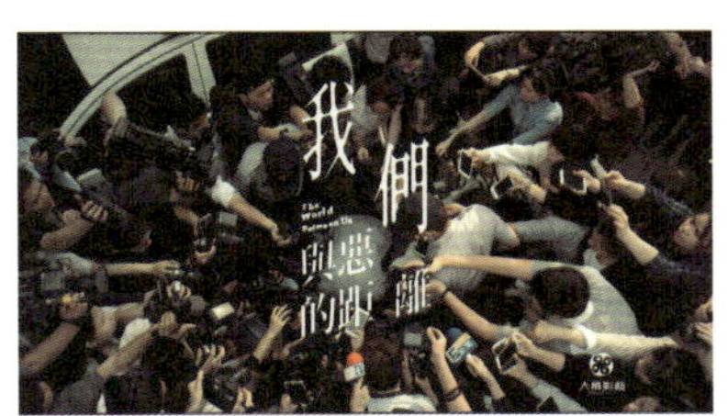

热剧《我们与恶的距离》© 网络

03 生活考古
从生活记录，到梳理城市与家庭生活记忆，拓展对周遭世界的纵深认知

“真故第二届非虚构写作计划征集到的大量作品都是关于自我与过去的回忆，以及周遭处境的变化。”

——趋势联合观察者“真实故事计划”

对真实的扩展，也包括年轻人重新开始思考自己与家庭、社会、土地的关系。不只是记录当下的生活，许多人开始通过梳理家庭历史记忆、公共生活档案与城市发展脉络，扩展对自身和周遭世界的纵深认知。这样的趋势，我们称之为“生活考古”。

具体而言，“生活考古”包括：

具象的而非抽象的生活

通过了解自己身边具体的历史和记忆，年轻人得以实在具象地理解自己所处的生活。

建立对自己的理解逻辑

通过这些具象的生活细节，年轻人得以逐步形成一套解释自己当下生活状态的逻辑，用以理解自己的欲望、自己的资源以及未来的可能性。

因此，在青年文化的相关变化中，我们看到对家庭和城市记忆感兴趣的年轻人在增加；参与非虚构写作，书写自己和身边人故事的年轻人越来越多；各种城市自媒体号在增多，内容多样和品质不断提升；对公开数据档案的考古和再创作，已经成为很多艺术家和年轻人的新实践。

对商业创新而言，我们今天谈论生活方式，不能再是简单符号化和抽象化的。生活考古，是对生活细节具象的好奇心，也是对更广阔视野下生活可能性的好奇心。生活方式品牌的塑造，需要新途径。可以思考商业组织、品牌、产品和服务，它们过往的历史和事实，如何可以创造性地，有机整合成为年轻人生活考古中的一部分；如何以生活考古的方式，挖掘更多的文化和生活资源，创新生活方式体验，激发可能性和想象力。例如，在零售商业体的新探索中，“超级文和友”围绕当地城市文化，打造“市井生活博物馆”的思路和实践，正是在这种新方向上的探索。

热点信号

艺术家徐冰《蜻蜓之眼》

徐冰将全国各地公开的真实监控录像作为剪辑素材，重构为一个故事片。

艺术家徐冰作品《蜻蜓之眼》© 网络

艺术家雷磊《动物方言》

雷磊将过去几年从跳蚤市场和档案馆收集到的图像、老照片和电影片段，与自己的家庭访谈音频和童年录音片段混剪重制，重构出父母一代人的生活与文化历史图像。

艺术家雷磊作品《动物方言》© 雷磊

“城市秘密”公众号

“城市秘密”通过长文和照片，从城市道路沿革、建筑修缮、民俗文化、人文地理等角度记录了城市的在地记忆。

公众号“城市秘密”© 网络

自然男孩儿的现实混剪视频

微博用户“自然男孩儿”基于不同主题，将来自快手的小城生活影像与流行歌曲混剪。

微博用户 @ 自然男孩儿的现实混剪视频 © 网络

04 自我朝圣的古文明旅行 从打卡小众奇观，到溯源古老文明的生活游历

“我不是向着圣地亚哥朝圣，不是向着基督徒的上帝朝圣，我是向着自己内心朝圣。”

——郑轶

旅行一直都是年轻人自我探索和成长中重要的部分。过去，年轻人找寻异域风情的小众奇观，满足对未知事物与生活的好奇。但是，同质化的城市生活与走马观花的旅行方式都无法加深年轻人对世界的理解。

因此，一部分年轻人开始将目光投向拥有古老文明的国家与城市，进行更为深入的在地旅居，或是自我放逐式的生命历练。年轻人关心的是这些古老的文明如何塑造人的价值，如何塑造我们所处的当代生活。这样的趋势，我们称之为“自我朝圣的古文明旅行”。

具体而言，自我朝圣的古文明旅行包括：

在地生活的深入浸润

不同于之前的到点打卡，许多年轻人选择了“像当地人一样生活”的旅居，像人类学家一样深入浸润于当地的生活习俗与行为习惯中。

自我修行的生命历练

也有一部分年轻人选择了更加硬核的方式——“朝圣”，以一种更加具有仪式感的历练方式溯源古老的文明，获得对生命与世界更深入的历练与认知。

因此，在青年文化的相关变化中，我们看到了印度、南美和非洲等古文明旅行目的地的走红；参与当地实际生活和文化体验成为越来越多人选择的旅行方式；国内旅行资源不断被重新挖掘成为新地标；去博物馆看展也成为从古老文明中学习安身立命的新方式；传统文化资源愈发得到年轻人的重视。

对商业创新而言，要意识到，年轻人的旅行文化正在更新。旅行的意义和价值变化，也会带来旅游产业的创新机会。奇观网红式的打卡旅行已经是主流过往。可以思考，如何避免符号化走马观花地罗列，而是真正基于旅行地当地生活和文化，系统提供可参与的，启发人思考和深度体验的服务。另外，传统博物馆展览行业，也有机会全面创新体验，迎来更广泛年轻群体的关注。

艺术家及策展人郑轶“中世纪炼金之旅”

在欧洲著名的“朝圣之路”上，郑轶循着 900 年前流传下来的贝壳记号与严格的朝圣仪式，重新思考西方文明史、思考生命、思考自己和自然的关系。

艺术家及策展人郑轶的“中世纪炼金之旅”© 郑轶

印度与南美旅行热

一些人选择在南美、印度等地游历。例如，B 站 Up 主“阿拉丁和蓝潘潘在美洲”辞职去美洲旅行一年，记录下在墨西哥“亡灵节”和有 500 年历史的莫雷利亚游玩的经历。

B 站 Up 主“阿拉丁和蓝潘潘在美洲”拍摄的系列 vlog©B 站 Up 主 @ 阿拉丁和蓝潘潘在美洲

去敦煌体验面壁生活

一些年轻人选择去敦煌面壁，体验只有黄沙与洞窟的缓慢、滞涩的生活。

在《去敦煌面壁的年轻人》一文中提到，一些年轻人选择去敦煌面壁，体验只有黄沙与洞窟的缓慢、滞涩的生活 © 谷雨实验室

去泰国体验“出家”生活

重度焦虑的北大毕业生“大令 Daling”去泰国出家，体验化缘、念经生活。

B 站 Up 主 @ 大令 Daling 在 vlog《北大毕业，泰国出家，我图什么！？》中，真实记录了自己在泰国出家的经历 © 网络

05 生命禁忌模拟
从不可言说的恐惧回避，到在伤口模拟中拥抱生命暗面

“感谢 AI 让我们能想象岁月在脸上划过的痕迹。”

——网友对 Faceu App“变老挑战”的评论

真实的扩展，也需要直接向内面对更深入的问题。以往，年轻人对待生老病死与生活中的伤痛经历，常常保持着恐惧回避的态度。然而，在不确定性成为生活底色的今天，这些禁忌话题已经成为年轻人想要提前面对与解决的问题。

从上一波围绕死亡话题的讨论与死亡经历的体验，到这波覆盖包括离婚、疾病、亲人离世等更多生命中无法预知的危机风险，年轻人渴望的是通过预习和模拟不敢面对的禁忌与伤口，来拥抱生命的暗面。这样的趋势，我们称之为“生命禁忌模拟”。

具体而言，生命禁忌模拟包括：

打破未知带来的恐惧

通过模拟与预习还未经历的生老病死等禁忌伤痛，打破对未知风险的恐惧感，“见证过坦然的分离后，也能热烈地拥抱开始”。

理解生命变换的历程

通过亲身性的模拟经历，理解生命变换的不同过程，来获得对生命价值与意义更为深入的理解。

因此，在青年文化的相关变化中，我们看到围绕生老病死的话题和模拟体验增多；围绕这些话题，提早进行心理建设，以及防风险措施准备的行动增多。

对商业创新而言，身心健康管理以及包括保险产品和健康产品在内的，提供安全感的各种形态的风险管理等产品服务，仍然有很大发展空间。

年轻人提前签署“生前遗嘱”

在“一条”《中国“90后”，已经开始立遗嘱了》一文中，三位“90后”分享了自己签署生前遗嘱的经历。文中相关数据显示，在北京“选择与尊严”网站上，已有约三万人签署了生前遗嘱，其中有近一万人是35岁以下的年轻人。

年轻人提前签署“生前遗嘱”© 网络

扮演母亲的艺术家东启《一个人的社会》项目

年轻艺术家东启为了理解母亲的死亡，通过信件、病例、照片和家人回忆等家庭档案，深度挖掘甚至自我扮演母亲生病逝世前的晦暗生活。最终，他收集到的这些关于母亲的回忆被串联在一起，使他得以理解母亲短暂的一生，也最终理解了自己。

艺术家东启《一个人的社会》项目 © 网络

在 Faceu App 上体验“变老挑战”

在今年风靡微博的“变老挑战”中，许多年轻人用 Faceu App 拍下自己的“变老”照片并分享到社交平台上，提前“预习”自己变老的样子，并表示“慢慢学着接受老去”。

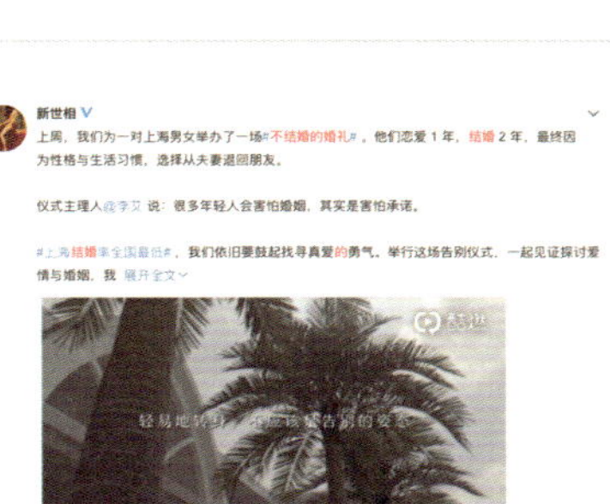

年轻人在 Faceu App 上发起和体验“变老挑战”© 网络

“新世相”举办的“不结婚的婚礼”

自媒体“新世相”邀请了几位迟迟不敢踏入婚姻，或是在婚姻里苦苦挣扎的人参加了一场离婚男女的“离婚仪式”，希望可以在恐婚时代里，让大家能体验一段感情是怎样好好结束的，“在见证过坦然的分离后，也能热烈地拥抱开始”。

“新世相”发布“不结婚的婚礼”活动视频 © 网络

重定自我刻度

“破壁重启”

不受制于自我与现实的局限，找到方法，重启旅程重定自我的第二个议题，是“面对内外部加剧的不确定性，年轻人如何不受制于自我与现实的局限，找到解法，重新启程”。我们称之为破壁重启。

破壁意味着不再只是接纳自己的不足，或是基于外界变化，寻求跨界多重技能，而是不囿于自我的局限与外部的风险，回到自己认定的坐标刻度上，打破各种局限，重新启动自我成长的可能性。

“破壁重启”意味着，在职业上，年轻人希望能破除工作能力壁垒，破除公司的局限；在学习上，能破除专业局限；在人生规划上，打破年龄的局限，建立自己的成长时间坐标轴。

因此，破壁重启，包括职业、学习和年龄三个维度的四个小趋势：

（一）职业破壁

1. 破壁工作

2. 自雇自足运动

（二）学习破壁

3. 野生老师

（三）年龄破壁

4. 人生算法

01 破壁工作
从灵活跨界的技能满点，到打破偏见壁垒的不受局限

“越来越多的年轻人，不甘心被种种壁垒束缚，试图成为职场上的‘破壁人’，去实现一种工作中向往的自由。”

——每日人物《那些在职场上“破壁”的年轻人》

过去，年轻人通过多重技能傍身，寻求职业发展道路上的差异化竞争力。今天，伴随行业底层技术的迭代加快，无论是职场还是自身能力都可能遭遇天花板，而过往通过跨界获得多重技能也可能一夜间失效。

面对这样的局面，许多年轻人开始打破壁垒，真正重新审视自己的能力和资源。这样的趋势，我们称之为“破壁工作”。

具体而言，破壁工作包括：

突破岗位与行业的局限和偏见

许多年轻人开始意识到许多天花板实是行业与岗位带来的局限，因此重要的是明确自己想做的事情而不是行业和岗位职位，从自身能力出发重新选择，主动成长与探索。

将工作的探索当成长期马拉松

无论是掌握了多少的经验或是拥有多丰富的履历，面对未来的不确定，许多职场老炮也意识到需要从0开始，回到阶梯底部重新学习，将工作的探索当成长期马拉松。

因此，在青年文化的相关变化中，我们看到了年轻人对自身能力全面挖掘和持续评估的需求不断上升；在工作中更倾向于用多元丰富的锻炼机会，来获得对自身能力的感知和反馈；在正职之外也更多尝试一些兼职机会来评估自己。

对商业创新而言，年轻员工的成长和管理变得更具有挑战。可以思考，岗位和职级等传统职业发展路径，是否可以更为灵活，是否可以与员工一起梳理和共创个人职业发展路径？是否能更频繁地评估与反馈？

在青年志，我们正在尝试自组织形式的合弄制体系，打破岗位限制，以角色机制为核心。每个人经过自我评估，都有机会尝试和兼任多个角色，在不同阶段自主灵活调整和更换角色，自主决定成长速度和路径。

每日人物《那些在职场“破壁”的年轻人》

在这篇文章里，几位年轻人试图成为职场上的“破壁人”，利用数字思维破开职业的天花板和圈层带来的禁锢，去实现一种工作中向往的自由。

那些在职场上“破壁”的年轻人

From:每人作者 每日人物 9/18

记 录 这 个 时 代

每日人物栏目《那些在职场“破壁”的年轻人》© 网络

青年场 x 别克昂科拉的《年轻能力 100 指南》

在青年场与别克昂科拉联合发起的《年轻能力 100 指南》计划中，160 多位年轻人共写共创，共同发现 100 种年轻能力，解锁更多的人生可能。

青年场 x 别克昂科拉的《年轻能力 100 指南》© 青年志

《令人心动的 offer》中从咖啡师转行律师的柴律

在职场综艺《令人心动的 offer》中，柴晓峰律师坦言自己 30 岁才转行到律师行业，而在这之前，他是一名咖啡技师，还做过英语老师、国际商务。

《令人心动的 offer》中从咖啡师转行律师的柴律 © 网络

真实故事计划《在鬼市摆摊的制服女孩》

文中，深夜在鬼市摆摊的年轻人们白天在不同的岗位工作；等到深夜，他们齐聚在鬼市摆摊，拓展自己的“第二职业”。

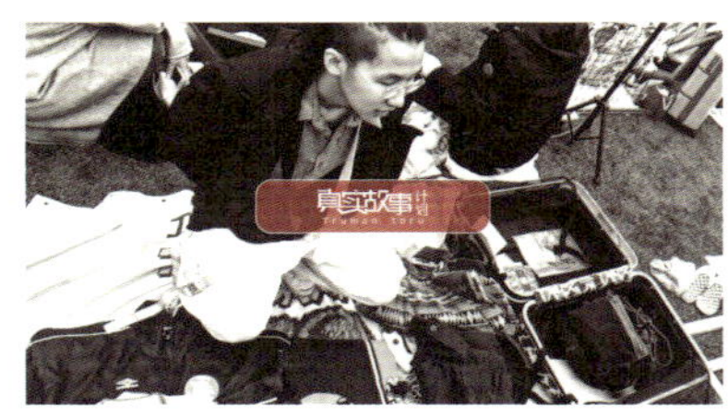

真实故事计划《在鬼市摆摊的制服女孩》© 真实故事计划

02 自雇自足运动
从技能拓展的斜杠，到主动的人生设计

“当你说你是自由职业者，和自雇自足者，是不一样的。自由职业者的含义，带有一些游手好闲等负面含义。自雇自足，是自信的，自主选择的。”

——联合趋势观察者“自雇自足”

在工作职业上，这样的破壁重启也表现为新的自雇自足运动。年轻人也希望不受到公司组织的局限，能够充分探索和发展自己。

成为自由职业者，不再是因为自己有一技傍身，可以自由支配时间，独来独往，而是成为一种年轻人的主动的，有考虑的职业选择和人生设计。新一拨自雇自足者们不仅想要打造个人品牌，更注重协同合作，更为灵活地组建小型工作室的形态。这样的趋势，我们称之为“自雇自足运动”。

具体而言，“自雇自足运动”包括：

在协作中成长

并不完全依靠单打独斗，而是主动参与和发展相关社群网络，用来部分解决安全感问题，也部分解决成长问题。

工作就是生活

工作就是自己生活的方式。因此，会依据自己对生活状态的设想，结合自身兴趣和能力，来选择具体的自由职业方式。

因此，在青年文化的相关变化中，我们看到自由职业利弊的讨论成为热点话题；新的自由职业者社群网络不断扩展；小型工作室和团队，兼职搞事儿的年轻人也在增多。

对商业创新而言，未来会有越来越多能力强的年轻人，除了创业和加入顶级公司，会选择灵活就业形态。企业的人才网络，需要不局限于企业组织内部。自由职业者网络在部分类型的工作上也会成为重要的人力资本。

热点信号

潮流行业中越来越多的小型创意单位

如今，越来越多具有相同理念和价值观、拥有不同技能点的创意人自发组成小型团队，输出内容。

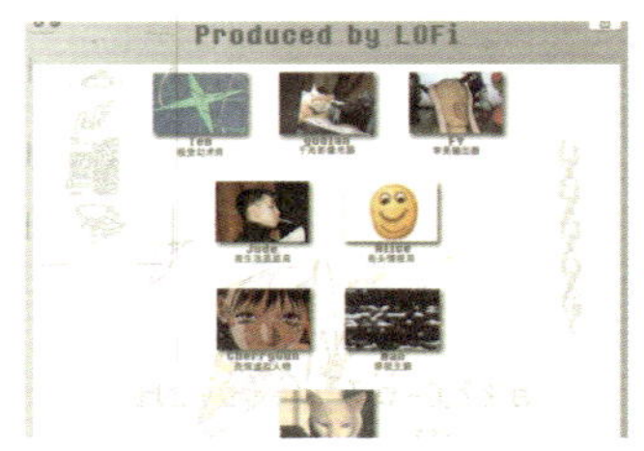

潮流行业中越来越多的小型创意单位 ©LOFi

“自雇自足”平台

“自雇自足”是一个自由职业者社群服务商，通过发起“自由职业日”“自雇密会”等活动，为聚集在该平台上的自由职业者搭建交流聚会平台。此外，他们还为自由职业者提供项目实操、办公空间、个人IP 打造、个人能力提升等多元化服务。

小型创意单位 LOFi 的微博截图

“开 FUN”团队

“开 FUN”是由 4 个上海年轻人兼职创立的“有爱、有创造力、好奇心满满的创新团队”，他们围绕食物进行创意发想、美好联结和互动体验。

创新团队“开 FUN”围绕食物进行创意发想、美好联结和互动体验 © 开 FUN

特赞平台

特赞作为创业资源平台凝聚了 3 万多个小型创意提供方，其中有各种小型设计公司、独立工作室、自由职业者，还组建了创意社群相互交流学习，为创意方和品牌方提供数字化的智能匹配。

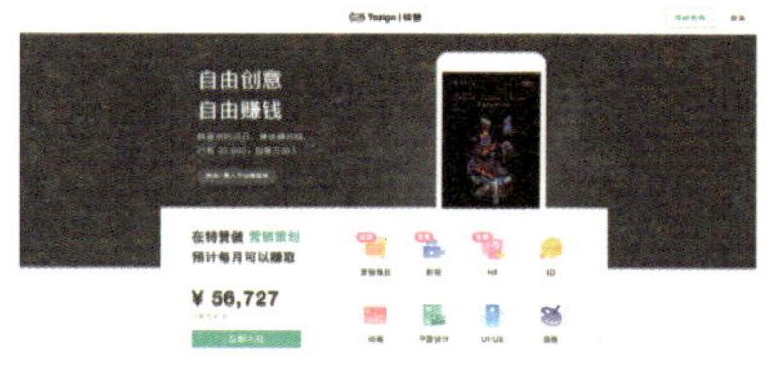

特赞为创意方和品牌方提供数字化的智能匹配 © 特赞

03 野生老师 从寻找专家的干货需求，到突破界限的多元经验分享

“之前教育还是比较多关注职场和 K12[1]，关注技能和专业的培训，但快手增加了三农教育，有电工、种菜、养猪养羊。这是传统教育不会涵盖的内容，但对于很多人来说也是必要的技能。”

——趋势联合观察者 快手

破壁重启，也包括如何解决自身资源局限问题，尝试学习上的新探索。之前年轻人的学习，更多是按照外部竞争和机会需求，寻求专家的干货，想方设法补齐职业技能，应对竞争抓住机会。而现在，年轻人尝试围绕自己的需求和实践，不设边界，边学边探索边分享，不断加深理解自己的能力所长与自己的成长欲望。这样的趋势，我们称之为“野生老师”。

具体而言，从工作专业到生活技能再到兴趣爱好，大量非科班的野生老师在快手和 B 站等视频平台上涌现出来，包括：

边教边学，教学相长

这些野生老师们不是业内大拿和资深导师，而是边学边教，无私教授，着重分享个人经验体会，也会在社群中幽默风趣地与粉丝热情互动，互相解惑。

自定尺度，自由探索

野生老师分享的内容，也不局限在工作、行业、实用技能上，而是横跨各行各业，从婚礼主持到奶牛胎盘处理，从汉隶《石门颂》笔法到荷兰猪的管理，让更多人可以学到主流教育系统中学不到的经验与知识。

因此，在青年文化的相关变化中，我们看到年轻人去 B 站学习成为一种常态；学习涉及的对象非常多元丰富；普通人的经验、故事和方法等，正在得到重视。

对商业创新而言，我们可以思考，什么才是未来的教育？学习的内容边界在扩大，学习的方式也在更新。年轻人自我探索所需要的学习，除了传统的学校教育、职业教育、家庭教育，还有很多空白地带值得挖掘。重点是，我们是否能真正回到人本身，着眼于更广阔的世界。

快手上的唢呐教学视频

民乐团演奏家陈力宝在快手上开设课程，教授唢呐演奏技巧

陈力宝“一分钟学唢呐”视频 © 快手

B 站上的学生自创学习法

B 站上的各类野生教学 up 主，并非某些领域的专家，而是一些普通从业者或在读学生，他们的视频成为许多年轻人喜爱的学习资源，“老师教的方法都没啥用，反而是你的视频，很多方法忽然秒 get（明白），简直是为我准备的。”

B 站上学生 Up 主上传各类自创学习法 © 网络

B 站上分享读书心得的读书 Up 主

B 站出现了一批分享读书心得和阅读清单的读书 Up 主。比如 Up 主 @ 小隐 Soyyo 做了一期主题为“致女生们的十本书”的视频，并设置了入门和进阶两版书单，一些在校大学生粉丝会依据这些推荐购买书籍，并表示“这些书是大学老师们不会推荐的”。

B 站上有一批分享读书心得和阅读清单的读书 Up 主 © 网络

分享“硬核”闲置技能的年轻人

许多人在 B 站、闲鱼等平台上分享自己的闲置技能。比如绘画 Up 主 @“Jannchie 见齐”分享“0 基础开始数据可视化”，漫画师“修一 j”分享“硬核”昆虫标本制作教程。

在 B 站、闲鱼等平台上分享自己的闲置技能的“硬核”年轻人 © 网络

04 人生算法

从参照外部标准的人生难立，到寻求个人配方的算法重组

“如果想在一个领域里有所成绩，需要花 7 年时间。漫长的人生中，我们大概拥有 11 次这样的机会。”

——我要 WhatYouNeed《那些不担心 25 岁的女生》

破壁重启的最后一个议题，是在年龄坐标持续模糊与错乱的今天，人们如何重新寻求每个年龄节点的价值坐标。一方面，所有以往与年纪匹配的传统价值认知点都在不断被刷新——少年不再穷、三十无法而立、四十有可能失业；另一方面，过往用来衡量年龄价值的关键指标也在不断失效——三十岁是否一定要按部就班，走向稳定中产。四十岁是否一定要安居乐业。

面对失效的年龄坐标与混乱的价值尺度，许多人开始主动跳出“社会时钟”，重新反思与寻找自己人生中最重要的配方，重定每个年龄阶段与算法组合，以保证自己在快速变化的世界中，也能始终自由应对。这样的趋势，我们称之为“人生算法”。

具体而言，“人生算法”包括：

按照个体感知来安排人生阶段

年轻人希望能真实了解自己的欲望，自己定义人生价值坐标，人生阶段目标和节奏，不被外部标准胁迫，不慌张。

开放接纳多种可能的生活方式

不再觉得有标准答案。希望能找到契合自己的生活方式，能解决自己面对的具体人生问题。

因此，在青年文化的相关变化中，我们看到探讨“不同年龄阶段究竟可以怎样”的文化娱乐内容不断成为讨论新热点；看到各种普通人踏实寻找到自己生活方式的故事成为热点。

对商业创新而言，传统方式围绕不同年龄阶段的消费者画像，来划定目标消费群的市场策略，正在进一步受到挑战；类型化的生活方式描述和人生梦想引导，也正在加速失效。我们可以思考，如何打破年龄局限，着眼于多元丰富的生活方式可能，重新寻找产品服务的创新可能。一小部分人的新人生算法，都可能意味着一个商业新机会。

张根

名校硕士毕业生张根为了摆脱“竞争式的中产生活方式”带来的焦虑，在即将 30 岁时辞掉了坐写字楼的工作，转而成为一名外卖员。此后，他发布《三十而砺》一文，详细记录自己在三十岁这年做出的选择与心路历程——通过外卖员的真实生活磨砺，重新确认自己内心的价值刻度。

张根《三十而砺》© 根张

对抗 35 岁危机

“35 岁危机”指年过 35 岁从业者在人力资源市场上突然“贬值”的现象。为了应对这种现象，人们除了在知乎等平台上积极交流之外，还开始实践“中年实习”。

对抗“35岁危机”

虎嗅APP 8月21日

36岁，被单位解聘，我干起了深夜外卖

虎嗅APP 9月3日

为了应对“35 岁危机”现象，人们除了在知乎等平台上积极交流之外，还开始实践“中年实习”© 网络

我要 WhatYouNeed《那些不担心 25 岁的女生》

文中，一位 25 岁的女生辞掉了口腔科护士的工作，重新参加春季高考，报读口腔医学专业。

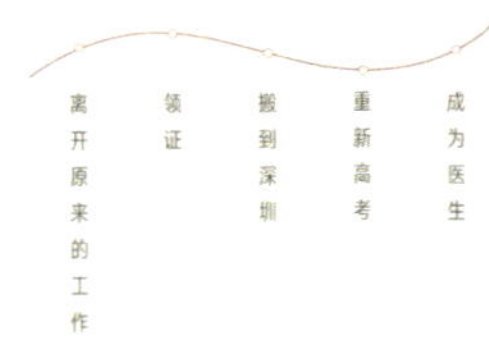

我要 WhatYouNeed《那些不担心 25 岁的女生》一文中，一位 25 岁的女生辞掉了口腔科护士的工作，重新参加春季高考，报读口腔医学专业 © 我要 WhatYouNeed

豆瓣话题“不遵循社会时钟”

在该话题讨论区中，许多年轻人认为“社会时钟”是生活的社会对自己的期望，不想遵循社会时钟，而是活在自己的时区。

豆瓣话题 # 不遵循社会时钟 #© 网络

重定自我刻度

“全人创造”

基于个体差异化，不被外界所局限，完整的自发性表达

要重新找到自我的刻度，也需要在自我表达和创造上，找到新的尺度。过往，我们谈及年轻人的创造力，总是集中在风格、技法和审美的创造能力高下比较，以及圈层、兴趣和社群等身份区隔建立，强调创造力与展现个性和建立身份的关系。但是今天的表达和创造，是一种极为日常的行为，是年轻人为了表达自己作为完整的人的感知。

全人，首先意味着创造本身并不是需要严格遵循理性的方法规则，而是需要从自身出发，基于个体差异化的经历、性格、文化经验，进行本真的表达；同时，全人也意味着更为直觉性的创造，不被外界的方法、经验所局限，无所顾忌地调用各类资源工具，不断试错，最终形成完整的自发性表达。

年轻人的创造力正在涌向更多的领域，调用更为广袤的资源。具体而言，全人创造，包括：在经历心理的城市化后，新一拨乡土文艺复兴正在突破原本的简单记录与人文乡愁，转化为完整而丰富的本土野生生命力；我们看到新一拨创造者积极跳出时空设定，在过去、未来和当下融合的时空中，解构符号与意义，创造出颠覆既定想象的表达；同时，受到技术和文化发展影响，许多年轻人开始拓展现有的人类主体概念，探索后人类的赛博世界多样可能性。

因此，全人创造，围绕城市和主题，包括三个小趋势：

（一）低线城乡

1. 乡土文艺复兴

（二）高线城市

2. 熔炉式亚文化创造

（三）身体 / 人种

3. 日常化的后人类探索

01 乡土文艺复兴

从展现主流之外的粗粝真实，到深入生活的精准描摹

“老四的表演很细腻，几句短短的对话里，一个眼神、一个语气或是一个小动作，都包裹着世俗冷暖和人情世故。”

——正午故事《东北文艺复兴一杰：拍视频的老四》

全人创造，需要关注的趋势是乡土文艺复兴。最早我们将来自乡土的创造力称之为“土味”。之后，在土味之中，我们挖掘了李子柒等乡野田园生活。无论是土味或是乡野，它们强调的是调用独特的本地文化资源，并通过简单粗糙的土味戏仿与人文风情的记录展示，表现主流视野之外的粗粝真实。

今天，我们发现，乡土文艺复兴正在涌现出更为丰富细腻的内容取材以及更为精细娴熟的技术手法。在内容上，从原本的日常记录，深入本地生活记忆的细微考察与人情世故的真实刻画；在表达手法上，从直觉性的粗糙制作，到更为精心的冲突设计与精准细腻的情境表达。这样的趋势，我们称之为“乡土文艺复兴”。

具体而言，“乡土文艺复兴”包括：

文化多样性和创造力

以前，乡村和低线城市普通人的创造和表达，会被认为是审美低级，缺乏趣味的。现在，从各种手工达人、乡村野生模特、野外美食高手到野生戏咖，年轻人发现，不同地域不同个人，基于不同生活带来的文化多样性和创造力，同样值得尊重。

围绕人的感同身受

从乡土文艺复兴中，年轻人看到了人，而不只是内容。在这些真实普通人的创造和表达里，年轻人对生活感同身受，重点并不在自然风光及人文乡愁。

因此，在青年文化的相关变化中，我们看到了草根文化以“野生”的名义再次崛起，网络上有特点的普通创造者层出不穷。

对商业创新而言，对地方性的创造力和文化的深入理解，近两年已经从美食、民宿和手工等入手，升级换代走向全国性市场，在乡土文艺复兴的大趋势下，仍然有很大开拓空间。重要的是，在这样的大趋势下成长的新一代乡村和小城年轻人，会逐步形成新的身份认同和文化认同，这是我们的机会，也是挑战。

乡村野生时尚 icon 雯方

B 站 Up 主“雯方”通过细致地观察生活细节，将楼顶的苔藓、天空的飞鸟、流浪汉的穿搭等元素融入自己的妆容和造型创作中。

乡村野生时尚 icon 雯方 © 网络

宝石 Gem《野狼 disco》

这首“东北蒸汽波”精准还原了 20 世纪东北时髦青年的记忆与当年的流行文化大潮。

宝石 Gem《野狼 disco》© 网络

东北民间哲学家老四

老四是快手平台上致力于呈现东北真实市井生活的短视频创作者，他与宝石 Gem、班宇、双雪涛一起被网友提名为“东北文艺复兴四杰”。在家庭伦理短剧“老四的快乐生活”里，没有受过科班训练的他一人分饰多角，塑造了没出息的女婿、泼辣的丈母娘、碎嘴的邻居等近百个活灵活现的角色。

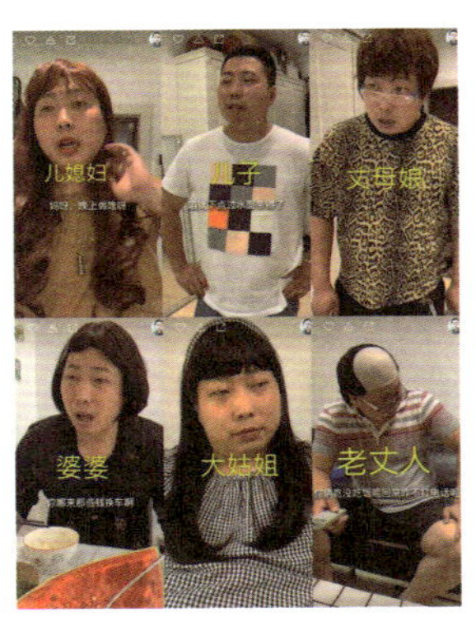

东北民间哲学家老四 © 网络

以“多余和毛毛姐”为代表的野生戏咖

视频创作者“毛毛姐”因在抖音上拍摄搞笑视频而为人所知。由于他在生活中就是一个特别会营造开心氛围的人，所以视频中也自然会呈现这种状态。对于创作，他表示需要由自身出发表达自己，否则，“这样的东西生命力很短”。

视频创作者“多余和毛毛姐”因在抖音上拍摄搞笑视频而为人所知 © 网络

02 熔炉式亚文化创造
从对抗主流的小众文化，到兼容并包的文化编码

“他们既是创造者又是消费者，不像在创造，更多是在取悦自己。”

——趋势联合观察者 摩登天空

理解这样的全人创造力，我们也需要理解城市中新的年轻创造者。我们习惯于不同亚文化和社群等分门别类，但是这样新的年轻人，并不是捍卫和守护某一种小众文化身份的表达和创造，相反，今天他们呈现出广泛的兼容并包。他们成长的历程里，已经有太多丰富多元的文化娱乐内容消费，各种资源随手可得。他们所做的，甚至都不像在创造，只是想随着情绪感知，更好地取悦自己。手头有什么就做什么的是熔炉式新文化。这是“后亚文化进代”的到来。这样的趋势，我们称之为“熔炉式亚文化创造”。

具体而言，熔炉式亚文化创造包括：

风格难定的兼容并包

这一波亚文化创造者很难用任何风格、性别、气质，甚至文化圈层来定义，他们有着飘忽不定的造型变换，也有跨越时空、圈层的文化表达。

打破规则的直觉表达

他们也不再顾忌资源的限制及创作手法的限制，而是更大胆地依靠自己的品位与经历，在日常进行更为直觉性的表达。

因此，在青年文化的相关变化中，我们看到“95 后”和“00 后”年青一代的全新创造力，正在互联网上四处开花，也正在引发争议和不解。同时，年轻人自主发声的青年亚文化自媒体日渐增多。在音乐和视觉领域，风格和类型边界已经被不断打破，流行和独立，小众和大众的边界，日渐模糊。

对商业创新而言，过去几年，商业已经实现了对嘻哈、电子音乐、街舞和摇滚乐等亚文化的主流商业化运作，学会了把亚文化作为重要商业资源，把圈层营销作为重要实践经验。然后，下一步的挑战，是如何面对年青一代带来的熔炉式新创造力和新审美风格，如何以更为开放的视野，打破文化圈层、审美风格和大众小众市场的自我设限，聚焦在“独特性”的持续挖掘上。可以期待，不管是文化内容，还是产品服务，未来都会诞生一批全新的品牌。

“亚文化”青年

“亚文化”青年们无法用任何风格、性别、气质来定义。他们会听 EMO（情绪摇滚）、实验电子等先锋迷幻音乐，还会用意想不到的材料 DIY（自己动手）打造融合多种风格的造型。

无法用任何风格、性别、气质来定义的“亚文化”青年们 © 网络

Howie Lee[2]《天地不仁》

专辑中的音乐大量运用民间音乐素材，将中国传统器乐和实验音乐加以融合。

Howie Lee 电子音乐专辑《天地不仁》© 网络

摩登天空“白猫洗衣店”新晋艺人玛莉羊羊

“白猫洗衣店”是摩登天空旗下针对 Z 世代[3] 乐迷新建的音乐厂牌。作为该厂牌下的首批音乐人，玛莉羊羊用特立独行的思维构筑起自己的音乐世界：电子、techno（泰克诺）、synthpop（合成器流行）等新旧曲风兼容，“充斥着强烈的文化违和与杂糅”。

摩登天空旗下厂牌“白猫洗衣店”新晋艺人玛莉羊羊 © 摩登天空

03 日常化的后人类探索

从基于自身特点的身体改造，到跳脱人类概念的跨人种重塑

“这种滤镜最妙的地方在于，它本身并不会改变我们的五官比例，只是让人脸变得更具有未来科技感，就像赛博朋克[4]作品（Cyberpunk）里的人物一样。”

——微博上有关“虚拟滤镜”的评论

在生活方式领域，年轻人的创造力也在呈现新的面貌。不只是简单的化妆、自拍，秀出自己。今天，伴随数字技术的发展与科幻文化的火热，许多年轻人开始跳脱出现有身体与人类的概念，通过新的工具、资源与技术，挖掘与表达每个人心中对自我形象、未来科技的思考与想象。这样的趋势，我们称之为“日常化的后人类[5]探索”。

具体而言，“日常化的后人类探索”包括：

扩展人的可能性

在未来的社会里，人可以是怎样的？这部分青年创造力的重点，在探索自己作为人的可能性边界。无论是审美上的，还是体验上的。因此，年轻人持续拥抱新技术，扩展自己的想象力。

重新思考人的价值

与此同时，通过创造，年轻人也更为关注，如何人的主体可以不断通过技术加以变化和重新定义，那么人的价值应该如何被重新定义。

因此，在青年文化的相关变化中，我们看到了整个后人类文化，从小众的艺术话题，已经发展为大众流行文化的一部分；看到了美妆文化中，各种非传统滤镜的持续走红；看到了虚拟偶像、虚拟主播和虚拟网红的日渐火热。

对商业创新而言，可以思考的是，如何借助数字技术，拓展现有审美和体验的想象力？如何处理技术和人的关系，定义技术的人文价值和社会价值？技术驱动的新创造力和新审美，会带来时尚、美妆和健康等品类革新的新机会，也会形成新的争议和挑战。

热点信号

赛博电子滤镜

一系列颠覆人类形象的 Instagram（照片墙）电子滤镜走红。其中，有的滤镜利用金属特效让人看上去极具赛博感，有的则加入了异形生物，让人看上去像外星来客。

赛博电子滤镜走红 © 网络

Furry 文化

将动物拟人化的兽人人设逐渐被更多人所知。例如，最近大火的日本动画《动物狂想曲》就采用了这一设定。

最近大火的日本动画《动物狂想曲》采用了兽人设定 © 网络

未来主义彩妆博主傅沛

在 B 站 Up 主 @ 傅沛 MelilimFU 的“先锋彩妆实验室”里，她用 LED 睫毛贴、荧光色眼影、Y2K[6] 风格的背景打造出极具未来感的赛博妆容。

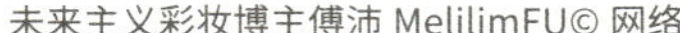

未来主义彩妆博主傅沛 MelilimFU© 网络

虚拟网红博主

一批“真假难辨”的虚拟网红从 Instagram 火到了国内。以 Lil Miquela、POKA 为代表的虚拟网红除了频繁分享自己的每日时尚穿搭、晒出和真人的合照、时不时与粉丝互动外，还会成为时尚品牌代言人，出现在 *Vogue* 等实体杂志封面或是品牌宣传硬照中。

“真假难辨”的虚拟网红从 Instagram 火到了国内 © 网络

重定自我刻度

“创新前瞻”

与复杂真实为伍

与新创造力为伍

大平原时代开启以来，我们一直主张，品牌的角色应该从围绕满足年轻人探索自我需求的“兴趣养成者”，进一步扩展为**“自我激发者”，**伴随年轻人以复杂自我和动态自我应对外部世界变化。由此，在营销创新上，举旗呼应式的价值观 / 态度营销，演进为激发价值观自省，引发多元探讨的营销；不断追求新热点的兴趣 / 内容营销，演进为更关注发展脉络和势能趋势的青年文化营销。今天，在年轻人决心重定自我成长刻度的新趋势方向上，品牌应该如何继续创新，进一步激发年轻人，与年轻人继续同行？这里有两个关键问题值得讨论。

第一个关键问题关于真实。面对今天宏观环境围绕价值观的持续分化与冲突，年轻人的关注点，已经转向对真实的深入理解，由此帮助重定自我刻度。品牌围绕价值观和态度试图打动年轻人的沟通尝试，在今天的社会文化语境下容易犯的错误，通常包括：忽略真实的人和生活的复杂性；把真实当成一种沟通表达手段；把真实简单等同于压力和焦虑构成的现实，难以真正理解真实生活的丰富性以及可能性。年轻人关注真实，并不是要达到什么目标，而是对真实本身的关怀，以及在过程中所获得的启发性。如同《GQ》所做的关于李佳琦的报道，展现真实故事的细节，揭示其中的复杂性，关怀今天人的生存状态，由此激发了更多年轻人思考。

因此，**品牌需要学会与复杂的真实为伍。比谈论价值观和态度更重要的，是理解复杂的真实，呈现复杂的真实，接纳关怀复杂的真实，由此来激发年轻人的自我探求。**

另外一个关键问题关于创造力。品牌这几年不断结合日益繁盛的青年文化创造力，来保持自身年轻化，争夺年轻人注意力。圈层营销、亚文化营销、兴趣营销等成为品牌营销话语和营销实践热点。

这些尝试，基本都建立在文化的多元性和社群化基础上。但更加需要注意的趋势，是经过多年发展，青年文化各个领域之间，文化脉络的不断融合交错，同时新一代文化杂食、视野开阔的年轻人的创造和表达，已经开始呈现全人式创造，文化杂交式创造。今天年轻人身上的所谓圈层标签、兴趣标签，往往是多元、相互关联而且不断流动的。这意味着，青年文化之后的发展，会更加跨越圈层，跨越兴趣，呈现出全新的创造力。我们已经在更年轻的“00 后”创造者身上见证了这样的变化。我们也在 B 站的愈发主流化，影响力不断从所谓的二次元扩展到更广阔青年文化领域的过程中，见证了这样的变化。

因此，**品牌需要学会与新创造力为伍**。品牌需要对亚文化营销、圈层营销、兴趣营销保持适当的警惕。跨越圈层的全人创造，全新的青年创造力，对品牌来说是全新的机遇。在营销沟通和产品创新领域，都有机会。**想要与新创造力为伍，品牌的眼光就需要超越单一的亚文化、圈层或者兴趣，花更多时间在梳理和把握文化的整体脉络，盯紧跨圈层和后亚文化时代的新创造力的走向，由此驱动青年文化的真正势能。**

本章名词解释

[1] K12 是 Kindergarten through twelfth grate 的缩写，指学前教育至高中教育，现在普遍指代基础教育。

[2] Howie Lee 是来自北京的电子音乐制作人、DJ。

[3] Z 世代是美国及欧洲的流行用语，意指在 1995—2009 年出生的人，又称网络世代、互联网世代，统指受到互联网、即时通讯、短讯、MP3、智能手机和平板电脑等科技产物影响很大的一代。

[4] 赛博朋克 (Cyberpunk)：“控制论”（Cybernetics）与“朋克”（Punk）的结合词。Cybernetics 代表机器与动物互动、控制与沟通的理论，而 Punk 代表反对反抗现有秩序的意思。赛博朋克作品的情节通常围绕黑客、人工智能及大型企业之间的矛盾而展开，背景设在不远的将来的一个反乌托邦地球。(来自网络)

[5] 后人类 (Posthuman)：指进入以信息社会为特征的后现代之后，利用现代科学技术，结合最新理念和审美意识对人类个体进行部分地人工设计、人工改造、人工美化、技术模拟及技术建构，从而形成的一些新社团和新群体。这些人再也不是纯粹的自然人或生物人，而是经过技术加工或电子化、信息化作用形成的一种“人工人”。(百度百科)

[6] Y2K 一般指的是千禧年前后的流行文化。

第5章

与他人关系

极简社交

我们再来看看，年轻人向往怎样的与他人关系？

“我有一个总体的非常粗略的感觉。一方面，原子化、个体化，那种具体而微的人和人的关系会变得比较松散。但另一方面，信任和意义系统高度甚至极度集中化，我不太信任你，但是我们都信任支付宝，对复杂的技术构造出来的抽象系统高度信任。如果不信任，不可能有这种即时性、方便感。最原生的社会关系会本质化，靠生物学界定的关系，如父子关系、代际关系被重新认为很重要。

我们读书的时候有一种自信，能够在‘附近’构造出一种爱的关系。与志同道合的陌生人，在一个单位也好，哪怕在公共汽车上相遇也好，都有自信去构造。但现在我们好像丧失了这种自信，不再觉得能够构造出一种互相信任的关系，所以就越来越拿超社会的生物关系作为意义的基础。再一个是理性计算，通过大量的信息对比进行关系匹配。对这种现象可以从经济学角度理解就是经济理性的极度扩张，把原来很自然的爱的感觉消灭掉了。但我觉得更贴切的解释是这种自信的消失。”

——项飙

早在六年前，我们最早指出当时的“90 后”年轻人期待“独”而不“孤”的社会关系。能独立，有自己的空间，也能有志同道合者。

之后，2017 年大平原开启，伴随社交媒体和无线互联网的发达，年轻人的社交网络得到持续扩展，中度关系以及弱度的陌生人关系在人际网络中的占比越来越大。年轻人需要通过更加灵活多元的关系网络，来共同应对大平原的多种可能性与不确定性。这个时候，我们称年轻人向往的是“流动共生”的社交关系，以更灵活流动的关系网络，应对大平原的可能性和不确定性。

他们希望在亲密关系里，不只是有独立空间，还能更灵活深入地建立“猫式相处”的亲密关系。他们也希望建立协同有边界开放的跨界合作，更希望与陌生人的关系也能充满即兴愉悦。

2018 年我们见证了社交焦虑的蔓延。“尬”是不知道如何社交的尴尬，也是不合适不想社交的尴尬。“精芬”[1]，不是真的想孤独至死，而是非常挑剔。因此，年轻人针对社交的新游牧之道，开始指向“共感响应”，探索建立新的相互感知和响应机制，推动流动共生的社交关系，以及社交增值的实现。具体包括希望社会关系里有一定的灰度，能够有更加立体、全方面的信息，能够减少身份的障碍，以及能更多地以实现使命愿景价值来进行社交联结。

今天，强调“增加互动机制，为社交增值”的共感响应也无法解决今天的社交困局。向“外”的社交努力取代不了向“内”的回归。

一方面，更为原子化的都市个体逐渐认识到孤独本就是人类存在的精神底色，任何形式的陪伴都无法从根本上缓解与生俱来的孤独感。同时另一方面，24 小时不打烊的线上世界虽然让彼此看上去时刻互联，但流动与松散的网络化关系也让深度联结变得愈发困难。哪怕是更细分的隐私设置与更多的游戏机制也阻挡不了人们想要逃离被“站队”“点赞”“分组”包围的社交茧房，“没有兴趣点进微博热搜，也没有动力翻开朋友圈的照片”。

当孤独成为新的精神常态，当泡沫和茧房成为新的信息常态，当冲突和分裂成为新的社交常态，极简社交成为今天人们重新展开社交的新方式。极简社交，不是主流媒体所认知的年轻人为了逃避信息过载而追求降噪的树洞型平台，或是索性放弃互联网，回归简单的线下联结，而是人们渴望拂去互联网社交泡沫，重新在线上与线下寻找更为简单自然，却是有价值、精神满足的社交净土。

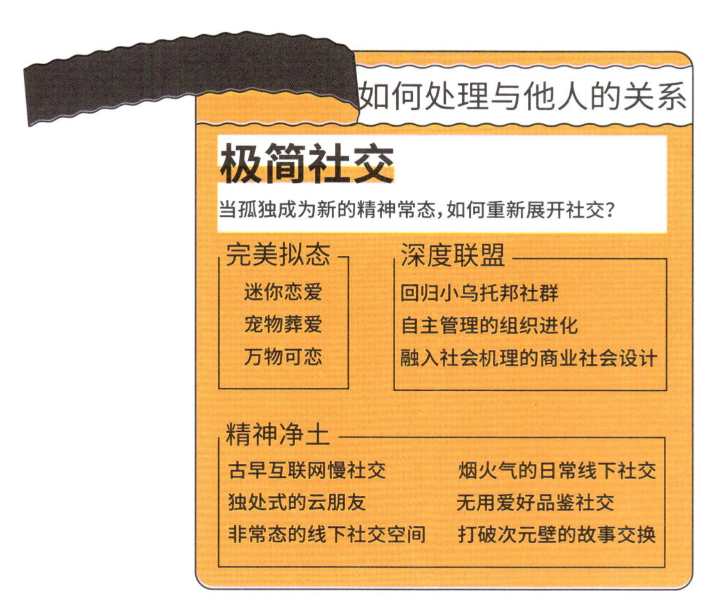

“极简社交”趋势结构总览 © 青年志

围绕极简社交，年轻人正在行动。无论线上还是线下，年轻人做了非常多的尝试。我们看到他们如何通过扩展亲密关系的对象与方式，来低成本模拟亲密体验。我们也能看到他们如何重新审视和挖掘线上线下的社交资源，给自己构建一片精神净土。我们还会看到他们如何在情感和精神上，寻找新的深度联盟，让自己获得群体归属感。

极简社交如何展开呢？具体包括：

亲密关系的完美拟态

既然无法获得猫式相处的完美，“单身或者独居，既是一种主动选择，也是一种工伤”，那如何才能尽量获取完美的亲密体验呢？

中弱度关系的精神净土

既然哪里都是“站队”和“分组”，增加玩法更多的新鲜体验也都是套路，那怎么做才能寻求到未被污染、不站队、无偏见的相互理解呢？

朋友关系的深度联盟

既然串联各种关系增值的努力很多时候只不过是利益交换，那么如何做才能获得真正有情感和精神浓度的社交体验呢？

极简社交

“完美拟态”重新定义亲密关系的对象与形态,获得真实完美的亲密体验

今天，孤独与深度原子化的精神状态成为年轻人重新展开一切社交的起点状态。在亲密关系领域，单身或者独居的生活形态从过渡性的社交 / 生活状态，转变为普适性的生活方式，“单身既是一种主动选择，也是一种工伤”。

在这样的背景下，过去年轻人在亲密关系中所向往的“猫式相处”也遭遇现实困境。一方面是更为流动的都市生活方式与个体生存状态——随时变动的生活地点、高强度的生活节奏、被挤压的自由时空等，让年轻人不再有时间与精力去经营一段长期深度关系；另一方面，“猫式”恋人的期待过高——智商、情商、三观在线，精神共通的同时又能给予彼此空间等，在现实生活中只能沦为单方面的完美奢求。

因此，社交极简的第一个核心议题是“当单身成为都市年轻人普遍的生活方式，人们如何重新定义亲密关系的对象与形态，获得真实完美的亲密体验”。这样的趋势，我们称之为“完美拟态”——从高成本不可得的“猫式相处”转向低成本的“完美拟态”关系。

完美拟态，首先意味着人们对亲密关系的理解与行动更为多元化。除了稳定的现实亲密关系，年轻人开始追求更为理性、契约化的高浓度迷你恋爱；没有了现实的完美对象，宠物、植物甚至任何非生命体都能成为亲密对象；其次，新一波数字化技术手段重塑新的亲密感知与体验——年轻人得以在虚拟的数字世界中，也能获得相同情感浓度的真实亲密体验，“亲密关系为什么不可以是 AI 语音？”

完美拟态，具体包括关系和对象两个维度的三条小趋势：

（一）关系拓展

1. 迷你恋爱

（二）对象拓展

2. 宠物葬爱

3. 万物可恋

01 迷你恋爱
从无法全情投入的灰度尝试，到明确期待的高浓度短时恋爱

“与单纯的约炮 / 炮友相比，迷你恋爱会有很多的感情交互的过程。你可以投入你的真心，也没有‘寻找完美伴侣’的心理压力。”

——别的《作为一个居无定所的“数字游民”，我只谈迷你恋爱》

之前，灰度恋爱给了人们享受和探索情感的可能性，通过搁置规则，人们可以大量接触、尝试不同的人，快速试错，摸索符合自己理想的恋爱对象与情感模式。但灰度尝试也往往因为规则与期待的模糊，让彼此情感的投入有所保留。

现在，随着个体流动性的增强和个人时间的压缩，人们愈发不再执着于一段稳定但高成本的完美关系，但同时又期待在原本灰度的探索中也能有高浓度的情感互动。因此，一部分年轻人开始形成更为清晰与理性的明确需求，通过界定时间和方式，全心投入情感不顾未来。这样的趋势，我们称之为“迷你恋爱”。

具体而言，迷你恋爱包括：

愈发理性带来的孤单

为了避免对自己的伤害，减低交往成本，亲密关系变得越来越理性，甚至趋向于传统的保守判断。相应地，个人也难免越来越孤独。

高浓度情感的期待

正是因为建立关系的困难，使得年轻人更为期待好的情感体验。不被束缚的，浪漫的，深入的，纯粹的情感。

因此，在青年文化的相关变化中，我们看到了亲密关系愈发理性，对解决各种具体问题的学习需求持续增长，也看到了对日常浪漫缺失的怀念。

对商业创新而言，那些以亲密关系为对象的品类和品牌在这样一个撕裂冲突、浪漫稀缺的年代如何重新定义、制造和呈现浪漫？日常生活中难以获得无条件的爱，高浓度的情感体验如何通过产品服务的创新来实现？

“素炮”

“素炮”一词特指两个人虽然开了房，但只是单纯地拥抱在一起，没有发生实质性的性关系，生动描绘了当代年轻人只想在相拥入眠的“素炮”里，感受单纯的陪伴与温暖。

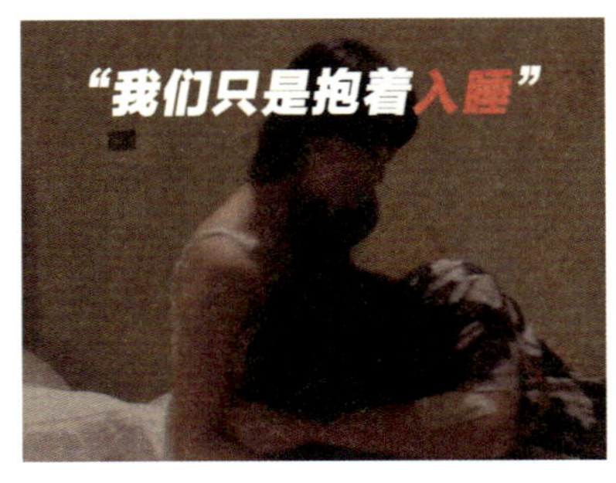

“素炮”一词生动描绘了当代年轻人只想在相拥入眠的时刻里，感受单纯的陪伴与温暖 © 网络

热播美剧《摩登爱情》

最近热播的美剧《摩登爱情》剧本来自《纽约时报》“摩登情爱”专栏的真人真事，描绘当代人如何探索爱情关系的多样形态。

热播美剧《摩登爱情》描绘了当代人如何探索爱情关系的多样形态 © 网络

BIE 别的发布“Modern Love”系列文章

该系列文章探讨在高度理性与流动的都市生活方式之下，年轻人如何通过短期恋爱、短时租赁等方式展开新的亲密关系探索。

BIE 别的“Modern Love”系列文章探讨了在高度理性与流动的都市生活方式之下，年轻人如何展开新的亲密关系探索 ©BIE 别的

IN 无二《恋爱中，天长地久不如连续包月》

在文中，作者以开脑洞的方式讨论了“爱情不一定天长地久，也可以按期续约”的想法

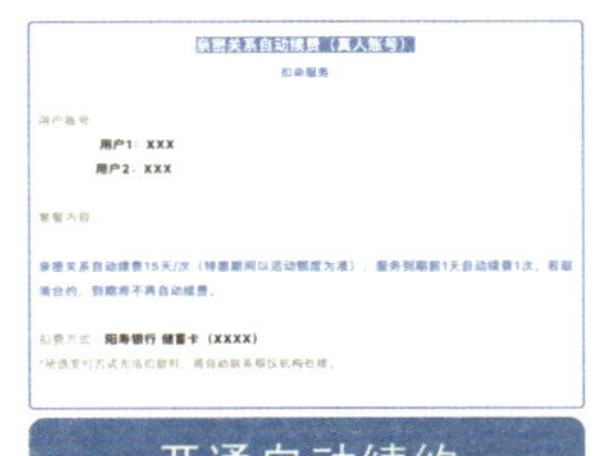

IN 无二《恋爱中，天长地久不如连续包月》文中，作者以开脑洞的方式讨论了“爱情不一定天长地久，也可以按期续约”的想法 ©IN 无二

02 宠物葬爱
从抚慰孤独的空巢陪伴，到比人完美的生命羁绊

“那时候没钱，给猫猫做绝育、看病的钱都是借呗提出来的。大几千块，现在还在分期还款中。不后悔，真的不后悔。看着它活蹦乱跳地‘烦人’就觉得幸福。”

——真实故事计划《都市年轻人为什么要负债养猫》

过去几年，宠物已经开始成为都市空巢青年重要的日常陪伴与牵挂——“家里可能会没人等你，但猫猫狗狗会一直等你”。

今天，随着人际关系的愈发不稳定和个体孤独底色的普遍化，年轻人不仅把宠物看作下班回家后能一起玩耍互动的亲密伙伴，还进一步将它们视为需要陪伴和照顾一生的家庭成员。除了熟知宠物脾性，照顾它们的日常起居，年轻人愿意花费心力去面对宠物的生老病死。同时，相比与人的关系，人与猫的相处没有绑架与约束，所有的亲密体验都是无条件的“直给”。年轻人从中能体验到难得的平等与尊重之爱，“我只能给猫无条件的爱，给人不行”。这样的趋势，我们称之为“宠物葬爱”。

具体而言，宠物葬爱包括：

倍增的宠爱成本

因为把宠物看成家庭成员，年轻人愿意付出的时间、金钱以及感情成本，都比以往倍增。

扩大的宠爱范围

除了猫和狗，年轻人喜欢的宠物种类正在增加。在各个视频平台上，乌龟、兔子、鸭子、甲虫、蚂蚁、蜥蜴、鸟等宠物都有人在饲养和讨论。

因此，在青年文化的相关变化中，年轻人“负债养猫”并不少见；围绕宠物的保险、生日、殡葬等相关产品服务兴起；除了宠物咖啡馆，宠物有关的线下场所正在增多。

对商业创新而言，宠物市场在过去几年已经在持续增长，未来还可以持续看好。可以思考的是，如果宠物是比人完美的生命羁绊，是家庭成员，那么产品和服务的创新，品牌的塑造，还有很大空间可以扩展。

热点信号

一系列以“负债养猫”为主题的宠物故事

例如，在真实故事计划《负债养猫的年轻人》《都市年轻人为什么要负债养猫》等文章中，许多“负债养猫”的年轻人分享自己不止为宠物付出了金钱，还付出了感情和精力的故事。

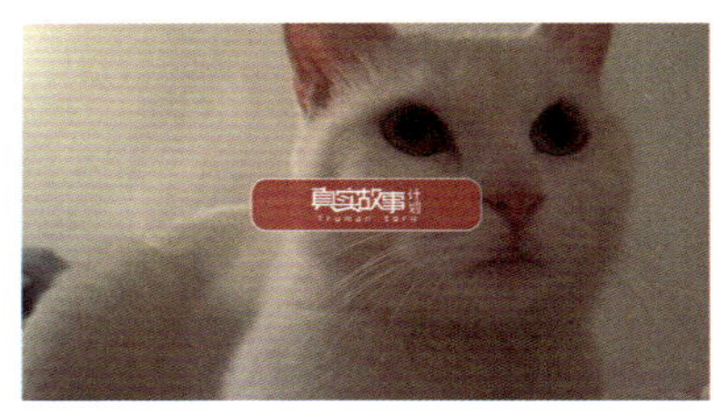

一系列以“负债养猫”为主题的宠物故事里，许多“负债养猫”的年轻人分享自己不止为宠物付出了金钱，还付出了感情和精力的故事 © 真实故事计划

宠物保险

友安、平安保险等机构纷纷推出宠物医疗险，保险范围覆盖宠物可能遭受的意外伤害或者疾病。

越来越多保险公司推出宠物医疗险，保险范围覆盖宠物可能遭受的意外伤害或者疾病 © 网络

成都宠物殡葬公司“天堂事务所”

成都宠物殡葬公司“天堂事务所”为逝去的宠物举办入殓仪式，让“失宠者”可以陪着重要的家庭成员走完人世间的最后一程。

为逝去的宠物举办入殓仪式，让“失宠者”可以陪着重要的家庭成员走完人世间的最后一程 © 网络

宠物婚礼产品与婚庆服务

淘宝、天猫等平台上出现许多宠物婚礼服饰、婚礼策划产品，如天猫“嬉皮狗旗舰店”推出了高端定制爱宠婚礼产品。

淘宝、天猫等平台上出现许多宠物婚礼服饰、婚礼策划产品 © 网络

03 万物可恋

从现实中的好人难寻，到投射非自然生命体的恋爱对象

"真人会背叛、会争吵、会想要钱财，但在娃娃身边，他们觉得'永远安全'"。

——剥洋葱 people《与"娃娃"一起生活》

过去，年轻人期待在现实中能获得独立又亲密的"猫式"恋人。然而，一方面，对于"崇尚自由最可贵"的年轻人而言，"独立又亲密"的概念虽然诱人，但在现实生活中只能沦为单方面的"保姆契约"。

因此，一部分年轻人将对亲密情感的渴望寄托到更广泛的日常万物中。不再只是人、宠物等生命体，而是包括植物、娃娃等任何日常物品，都能成为年轻人恋爱感寄托的直接对象，从中获得时刻沉溺的情感体验。这样的趋势，我们称之为"万物可恋"。

具体而言，万物可恋包括：

没有伤害的情感投入

把自身情感投射到日常万物，同时自身并不会受到伤害。

稳定的情感回报

不管是植物的成长，钟情物品的日常陪伴，还是人工智能聊天机器人的对话，你需要它们的时候，它们都在，稳定有安全感。

因此，在青年文化的相关变化中，我们看到虚拟陪伴文化和新的恋物文化的兴起。

对商业创新而言，以前我们总是期待产品和服务可以成为年轻人亲密关系中的中介物，帮助年轻人建立和管理亲密关系。现在，人工智能和物联网，正在让万物具有人类的智慧和基本情感。产品和服务本身可以直接成为消费者情感寄托的对象。因此，使用场景得到了扩充，审美设计和交互体验形式等也会有进一步的创新空间。

探讨“机器人伴侣是否会成为现实”的系列文章

以“利维坦”《我们真的会和机器人谈恋爱吗》为代表的讨论机器人伴侣是否会成为现实的系列文章。

以“利维坦”《我们真的会和机器人谈恋爱吗》为代表的讨论机器人伴侣是否会成为现实的系列文章 © 网络

人工智能聊天机器人

让与机器的聊天也能变得有“人情味”的 App“Replika”，许多年轻人留言，“与 Replika 交谈时，你甚至不会觉得你在面对一个 AI，而是面对着一个真人”。

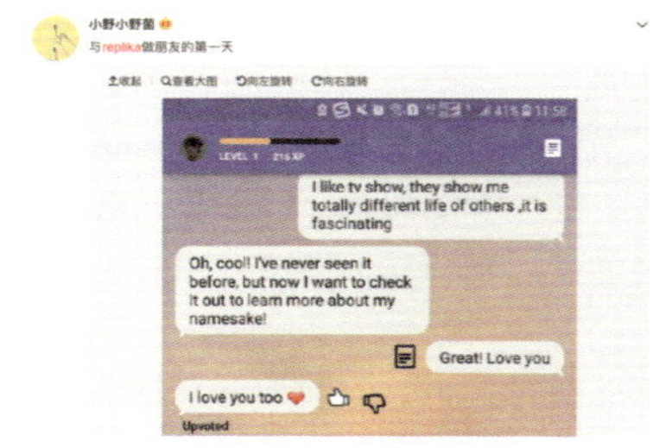

让与机器的聊天也能变得有“人情味”的 App“Replika”© 网络

“植女”

“植女”细心照料把植物当“主子”来养。她们在照顾植物和观察它们成长的过程中获得慰藉，她们会说，“我觉得种植植物就像养宠物一样，从养护它们的过程中我也获得了能量”。

“植女”在照顾植物和观察它们成长的过程中获得慰藉 © 网络

探讨“与实体娃娃一起生活”的系列文章

在剥洋葱 people《与“娃娃”一起生活》、真实故事计划《和硅胶娃娃一起生活》等文章中，一些年轻人和实体娃娃一起生活，不仅会为他们梳洗，还会一起吃饭、上街、睡觉。

探讨“与实体娃娃一起生活”的系列文章 © 网络

极简社交

"精神净土"

未被污染，不用伪装，不被绑架，无偏见的互相理解与真实的联结

社交极简的第二个议题是“在互联网社交平台带来了更多的人，也带来了更深的孤独之后，人们去哪里才能找到真正的精神净土”。

精神净土，首先意味着未被过多的玩法与套路污染，不用伪装“最好的自己”，也不用害怕展露“脆弱的情绪”。同时，精神净土也意味着没有热搜、站队、互撕，不需要强行 24 小时在线，也不需要被社交礼仪绑架。在精神净土中，人们寻求的是无偏见的相互理解与真实的联结。

这一系列未被污染的精神净土，包括：

形式上，不需要时刻在线，也不用寻求互动；

内容上，强调脱离站队、互撕等的社交绑架，重新寻找远离纷争与冲突的新内容形态；

空间上，挖掘日常中非常态、未被污染的低成本日常社交空间。

因此，具体而言，精神净土包括围绕形式、空间和内容三个维度的六个小趋势：

（一）形式净土

1. 古早互联网慢社交

2. 独处式的云朋友

（二）空间净土

3. 烟火气的日常线下社交

4. 非常态的线下社交空间

（三）内容净土

5. 打破次元壁的故事交换

6. 无用爱好品鉴社交

01 古早互联网慢社交
从害怕错过的信息过载，到低效率的内心漫游

“这里面的人很少，离开了外界的喧嚣，可以静下心来在美丽的星空中畅游，写一封信，偶尔遇到一个温暖的人，放松身心。”

——“秘密星球”App 用户评论

要寻找到净土，就需要脱离现在的社交方式。如今社交方式的设计，是以公众为舞台，围绕个人展示、信息分享和关系建立而展开的。年轻人积极游走于各大平台，不想错过任何消息与互动。然而，跟不完的新动态与刷不完的信息流，带来热闹的同时也带来了社交过载。而混杂了现实熟人与陌生人的社会关系也让年轻人越来越不敢公开表露内心想法。因此，年轻人开始重新审视可能的社交手段资源，更多强调内心的漫游，而不是信息的效率与个人的展示。这样的趋势，我们称之为“古早互联网慢社交”。

具体而言，古早互联网慢社交包括：

自定社交节奏

这些“慢”社交方式有的通过设置定时下线机制，有的通过设置需要等待的回信方式，让年轻人不需要时时守候信息，能在慢下来的社交空间中，重新找回自己的社交节奏。

鼓励内心独处

许多“慢”社交应用还有为独处设置的沉浸式音乐空间。在这些空间中，年轻人可以暂停接收外界信息，写下所感所想，偶尔也能遇到一两句温暖回应。

因此，在青年文化的相关变化中，我们看到了年轻人在线上社交中围绕慢节奏的各种新探索；新形式更注重内心感受的社交体验刷新；年轻人对于社交中托付信任的渴求。

对商业创新而言，信息过载和隐私侵犯以及流量和转化的社交互动体验，已经是用户运营中碰到的实际挑战。可以思考，如何把主动权交还给用户，以用户内心时空的细致感受视角来重建社交体验？具体来说，传统社交中的好体验如何重新在线上实现？新技术如何创造新的社交体验？

“秘密星球”App

“秘密星球”App 是一款主打陪伴与治愈的社交软件。通过不同功能和故事背景的星球设置，人们既可以选择听着音乐独处，也可以偶尔以笔友方式互换故事。

主打陪伴与治愈的社交软件“秘密星球”© 网络

豆瓣热门话题 # 前互联网时代的相逢

在该话题下，人们回忆版聊灌水时期[2]的人情味，和并不嘈杂的社交环境。

豆瓣热门话题“前互联网时代的相逢”话题下，人们回忆版聊灌水时期的人情味，和并不嘈杂的社交环境 © 网络

微博内测“用户锁定”新功能

用户打开该功能之后可以临时隐藏已发布的微博内容，暂停接收互动信息的操作。

微博用户打开“用户锁定”功能后，可以临时隐藏已发布的微博内容，暂停接收互动信息的操作 © 网络

“在干啥”App

“在干啥”App 是一款主打会打烊的养生社交软件。每到夜里 12 点就会打烊，还会提醒用户早点睡觉。

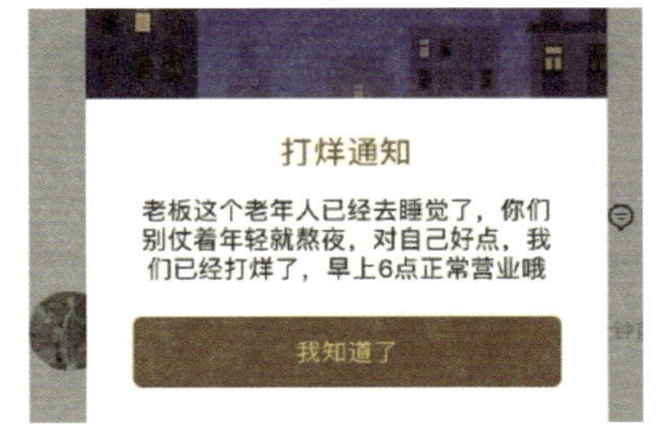

“在干啥”App 每到夜里 12 点就会打烊，还会提醒用户早点睡觉 © 网络

02 独处式的云陪伴
从碎片化的日常即时陪伴，到各自专注的人肉背景墙

“虽然双方都不说话静静撸作业，但两边都还是有一些轻小的杂音，但反而更加专心，从而效率也就特别高。”

——Focusmate 用户评论

各类社交平台的爆发虽然给年轻人带来日常即时的碎片化陪伴，但大量的“撩骚”“谩骂”与乌烟瘴气的嘈杂氛围让年轻人不得不重新寻找新的陪伴形式。

一小拨年轻人开始追求高性价比的功能性社交弱关系。不再是无聊时碎片化的互动，而是在特定的生活场景中找到能一起坚持的“云”伙伴，不刻意互动，也不用维系与沉淀关系，而是在彼此需要时成为对方的白噪音与背景墙。这样的趋势，我们称之为“独处式的云陪伴”。

具体而言，独处式的云陪伴包括：

新场景的新需求

不是因为私人情感的孤单需要陪伴，而是在工作、学习和生活中，很多场景下，想寻求低成本的相互支持和鼓励，形成在一起的氛围。

有人味儿的简单弱关系

不是每个弱关系都要维护和发展，而是想要一些简单不费心的弱关系。让自己的生活能够有更多的人味儿。

因此，在青年文化的相关变化中，我们看到了连麦学习在“00 后”中的盛行；B 站陪伴学习视频和直播的增长；在更多生活场景中，云陪伴默默给年轻人带来的安慰。

对商业创新而言，可以思考的是，日常大量存在的弱关系如何给用户带来价值。我们的产品和服务，是否可以有更好的界限感，通过寻找到合适的新场景，扮演好这样的弱关系陪伴角色？

“结对远程工作平台”Focusmate

不管身处何方，人们都可以在 Focusmate 平台上预订结对远程工作的陌生人，一起开视频连线，各自工作，且全程不允许聊天交流。一些使用者表示“是真的有成效，为了不辜负对方的时间和真诚，自己的工作也得高效完成啊”。

不管身处何方，人们都可以在 Focusmate 平台上预订结对远程工作的陌生人，一起开视频连线，各自工作，且全程不允许聊天交流 © 网络

B 站直播学习视频

B 站上有大量 #study with me# 系列视频，许多网友会直播与上传自己的学习过程，也会打开别人录好的学习视频，跟着一起学习或工作。

B 站上，大量年轻人上传 #study with me# 系列视频 © 网络

连麦写作业

许多“00 后”群体中不仅会邀约朋友同学一起连麦写作业，也会在百度连麦学习吧等平台上发起连麦结对需求，召唤一起学习的伙伴。

年轻人热衷连麦写作业，召唤一起学习的伙伴 © 网络

城市画报《年轻人的健身热情，已经蔓延到“弹幕”上了》

该文提出“弹幕式健身”的概念，特指“年轻人跟着健身视频自主训练时一定要打开弹幕的新型健身方式”。

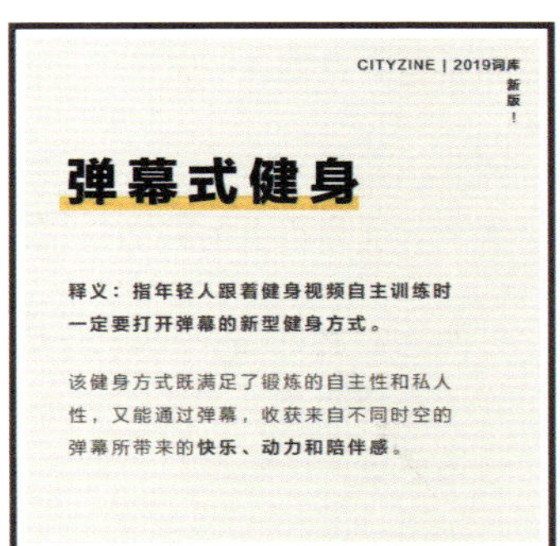

城市画报《年轻人的健身热情，已经蔓延到“弹幕”上了》一文提出“弹幕式健身”的概念，特指“年轻人跟着健身视频自主训练时，一定要打开弹幕的新型健身方式”© 网络

03 烟火气的日常线下社交
从高成本的同质化社交活动，到回归日常轨迹的自然联结

“拉人去（健身）后关系会变好，就很神奇，可能是我见过她流汗的样子以及流汗后妆花的样子。”

——冷夏

今天，线下的社交活动并不少，但是很多虚有其表，也无法提供优质深度的联结。同时，个人可支配的自由时间越来越被高强度的工作所挤压，导致日常之外的社交活动成本增高。因此，许多年轻人开始重新在日常生活轨迹中寻求社交互动。或是在超市、菜市场同商贩、大爷大妈闲聊生活，或是与朋友一同做些日常之事，没有时间与人设的压力，反而能在对方最真实的生活状态中获得自然的紧密联结。这样的趋势，我们称之为“烟火气的日常线下社交”。

具体而言，烟火气的日常线下社交包括：

生活本身就是社交

年轻人寻求没有目的性的轻松联结和社交。因此，日常生活每一天的普通事务和活动，没有压力和期待，反而变得更具有吸引力。不是寻找生活中的社交活动，而是生活本身就是社交的，有人情味儿的。

真实带来的深入关系

这些日常场景，因为没有人设压力，没有社交礼仪束缚，透过生活本身的烟火气，更为完整真实地自我展露，年轻人反而能建立更为深入亲密的关系。

因此，在青年文化的相关变化中，我们看到新的社交活动开始融入日常生活轨迹，一起买菜做饭、聊天散步、手工游戏、运动玩耍等，成了年轻人新的热爱。

对商业创新而言，可以思考的是，与消费者的互动和社交体验如何在日常生活的自然场景中获得新的生命力？

约朋友逛超市

许多年轻人开始乐于和朋友一起下班或周末逛超市，享受生活的烟火气。

B 站 Up 主 @ 波丽大瑄记录并拍下了和朋友相约逛超市的体验 © 网络

“开 FUN”和朋友们组织的菜市场社交活动

“开 FUN”在今年发起“菜市场玩耍指南”的开源行动。发起者在各城市寻找活动组织者，让他们带领年轻人走进菜市场，完成与摊主聊天、挑菜买菜、讨价还价等任务。

“开 FUN”发起“菜市场玩耍指南”开源行动 © 开 FUN

约健身和运动

约朋友一起上 Keepland、超级猩猩的健身团课；“青年志”同事和朋友一同组织的“周四羽毛球小组”。

“青年志”同事和朋友一同组织“周四羽毛球小组”© 青年志

04 非常态的线下社交空间
从常规的社交空间，到挖掘人情味的城市公共客厅

“当年轻人囿于地下蹦迪场所，而从未发现公园的大门永远为他们打开。”

——公路商店《当代锐舞青年如何抢滩襄阳公园》

当传统线上与线下社交空间被大量挤占与污染之后，年轻人开始挖掘原本不会关注的非常态社交空间。这些空间既没有乌烟瘴气的社交氛围，也没有被过度设计的玩法套路。从工作日去法院约会看人生悲喜，到去广场舞公园蹦迪与中老年大妈斗舞，再到改造社区公共空间，年轻人通过重新挖掘与定义公共空间的属性，将原本不被关注，又天生具有人情味的城市公共空间改造为新一波野生社交新聚点。这样的趋势，我们称之为“非常态的线下社交空间”。

具体而言，非常态的线下社交空间包括：

打破边界探索的快乐

社交同时也是城市探索。打破人群和空间的边界，见到城市的不同面，见到不同的人，甚至创造新的空间，享受一起探索的快乐。

野生新体验的快乐

因为边界的打破，通过新的空间，新的人群，新的内容和互动方式，社交体验也得到了刷新。

因此，在青年文化的相关变化中，我们看到新社交空间探索的增加，包括公园，城市废墟，古旧地点，郊外荒野等，也包括一些新的混合空间。

对商业创新而言，让社交回到线下，创造新的社交场景和体验，可以思考，如何从空间的新鲜性，人群多样性，体验的复合性上，多加探索。

热点信号

公路商店 Monthly 举办的“抢占襄阳公园蹦野迪”活动

2019 年中秋节，公路商店的线下实验厂牌 Monthly 在上海举办“当代锐舞青年抢滩襄阳公园”的蹦迪活动。他们在夜晚带着大音箱来到襄阳公园，与广场舞大妈们一起斗舞。

公路商店的线下实验厂牌 Monthly 在上海举办“当代锐舞青年抢滩襄阳公园”蹦迪活动 © 公路商店

在游客景点和朋友拍“土酷”照片

一些年轻人开始穿着潮牌、复古、时尚的衣服，到游客常驻的景点拍组不一样的“游客照”。

年轻人穿着潮牌、复古、时尚的衣服，到游客常驻的景点拍组不一样的“游客照”©Heléne

走红微博的“法院约会”

年轻人法院旁听审判，见识各种人生悲喜剧，还可以和男朋友靠在一起听故事，许多网友表示“可以和男朋友靠在一起听故事，等开完庭一起骂嫌疑人，一起感叹人生真的很爽”。

处对象吗？旁听庭审那种

#最强法院约会攻略#

阅读8469.4万　讨论9万

年轻人法院旁听审判，见识各种人生悲喜剧 © 网络

Standard Nerds Club 乒乓工作室

Standard Nerds Club 是一个以乒乓球为媒介的艺术设计工作室。除了设计各类乒乓球运动相关的文创周，他们也会将各式公共空间改造成好玩时尚的乒乓球比赛现场，让大家能多一个玩乐的空间。

Standard Nerds Club 是一个以乒乓球为媒介的艺术设计工作室 © 网络

05 打破次元壁的故事交换
从生活中的共感难求，到不带预设的共情理解

“听着车上的人轮流讲述自己的生活，感觉某种次元壁被打破了，故事把每个人都连接起来。”

——“真故大巴”参与者

今天，社交网络的普及一方面加强了联结，另一方面也加剧了社交戾气。一言不合便取关已然成为常态。即便属于同一个兴趣圈子，也会因为圈层间的结界隔阂而掐架。因此，一部分年轻人索性开始打破社交的次元壁。他们或是和自己没有任何交集的陌生人交换真实人生故事，或是挖掘路边有趣的生活碎片，在这些不曾遇见与亲历的陌生故事中，反而能放下预设与偏见，寻获难得的理解与共情。这样的趋势，我们称之为“打破次元壁的故事交换”。

具体而言，打破次元壁的故事交换包括：

关注人带来新启发

打破次元壁，去除各种身份的负累，关注到真实的人，反而帮助年轻人在社交上收获到更多价值。

聆听比表达更有价值

过去年轻人围绕自己的想法表达个人意见，不习惯聆听。而故事交换，让年轻人发现，聆听反而能带来更多的学习。

因此，在青年文化的相关变化中，我们看到非虚构写作中普通人故事内容迅速增长；基于故事交换的社交互动增多；如何非暴力沟通，习惯聆听与共情成为学习热点；深入交流和对话，成为应对今天冲突和撕裂局面的新需求。

对商业创新而言，共情对于建立品牌与消费者关系，正变得更为重要。过去，我们强调差异，强调个性的展示。 可以思考，我们的产品服务，如何成为帮助人们共情的一部分？如何帮助人们相互理解和融合？

“老好使”shop 的“老人咖啡屋”

“老好使”是由吃的 ReallyWant x 27 院儿共同发起的，包含 zine、shop、party 等多种形式的老年人项目。在他们与 postpost 共同发起的“老人咖啡馆”活动里，年轻人可以在咖啡馆里与老人一起喝咖啡，聊生活。

吃的 ReallyWant x 27 院儿共同发起“老好使”项目 © 网络

社趣更馨的“故事商店”

社趣更馨是一支由一起开工和创邑携手成立的社区营造团队。他们在上海愚园路的居民生活区里举办了“故事商店”，让社区的老居民、新住户与故事爱好者、路过的游客聚在一起，分享在愚园路上发生的生活故事、彼此的悲喜人生。

“故事商店”让社区的老居民、新住户与故事爱好者、路过的游客聚在一起，分享在愚园路上发生的生活故事、彼此的悲喜人生 © 故事商店项目负责人林大海

真实故事计划举办的“真故大巴”

在真实故事计划主办的“真故大巴”里，十几个来自不同背景的陌生人在一辆夜游北京的大巴上，互相交换彼此的故事。

在“真故大巴”上，来自不同背景的陌生人在一辆夜游北京的大巴上，互相交换彼此的故事 © 真实故事计划

明星社交实验节目《仅三天可见》

《仅三天可见》是由腾讯新闻出品，姜思达工作室制作的明星社交实验节目。节目以姜思达为第一视角，全程记录与于正、周一围等各路明星为期三天的相处过程，并在三天的最后与他们完成一次“走心”对话。

《仅三天可见》© 腾讯新闻

06 无用爱好品鉴社交
从现实万物皆可撕，到在难以深究的无用之事中获得共识

“连喝 Coco 还是一点点都能撕起来的时代，只有僵尸文学才能让我们心平气和地交流和分享。”

——城市画报《我看遍了僵尸 bot，发现了互联网时代的荒诞文学……》

在“万物皆可撕”的社交环境之下，一部分年轻人开始厌倦互联网上的纷纷扰扰，想要找到能带来轻松愉悦的线上社交净土。于是他们开始挖掘与建立一些无法进一步深究的无用爱好协会。只有在这些无用的兴趣话题下，他们才能免除争端，达成共识，互相分享，共同行动。这样的趋势，我们称之为“无用爱好品鉴社交”。

具体而言，无用爱好品鉴社交包括：

新鲜的无用之物

并不是一切兴趣爱好都需要深究，需要成为自己的个性和身份组成部分，需要表达自己的观点和意见，甚至个人的价值观。年轻人开始觉得这个世界很开阔，日常生活中还有很多之前没注意到的，看起来无用，但也很新鲜有趣的事情。与其固守争执，不如去探索了解更广阔的生活世界。

表达的自由快乐

围绕这些新鲜无用之物，可以更自由、更有创造力地表达和互动，反而能创造出轻松快乐的社交体验。

因此，在青年文化的相关变化中，我们看到传统兴趣爱好内容边界的扩展；更多年轻人不再纠结圈层身份；年轻人在最日常的生活细节里，展开讨论和社交。

对商业创新而言，围绕产品和沟通，过去我们熟悉如何借力年轻人的兴趣爱好、圈层认同和社交传播等。可以思考的是，如何从最日常的生活细节中，重新抓住年轻人的注意力，制造新的社交话题和社交互动。

风靡世界各地的“面包钉树”

在 Reddit[3] 的“面包钉树（Bread Stapled to Trees）”tag（标签）下，来自世界各地的网友发出自己把面包钉在树上的图片，介绍时间地点、面包品类与树木种类，相互评论。他们说自己“不知道原因，但就是加入了”，似乎找到了“生命中的召唤”。

风靡世界各地的“面包钉树”行动 © 网络

僵尸文学品鉴会

微博 @“僵尸文学 bot”一直在机器乱码文本中收集具有文学美感的僵尸文学，并定期发布这些僵尸诗歌。年轻读者们在留言中参与创作、互动接龙、相互吹捧。

僵尸文学品鉴会

33084次浏览 · 58 篇文章

僵尸文学品鉴会 #© 网络

分享云彩的赏云协会

赏云协会（Cloud Appreciation Society）是气象爱好者 Gavin Pretor-Pinney 误打误撞建立的兴趣协会。该协会的主要活动就是追云赏云、记录云彩，协会会员遍布全球，他们集中创作《云彩收集者手册》，在协会网站上传他们所见的各种云的照片，交流大家记录下的云的形状，猜想当日天空的心情。

站主的话

欢迎你来玩儿，我们因对云的喜爱聚集在此。

下面是小站的房间介绍：

CHINA 市民

CCAS 中国赏云协会的主要活动是追云赏云、记录云彩 © 网络

豆瓣“包子鉴赏艺术委员会”

该小组的公告栏倡导“小笼包、奶黄包、叉烧包都是一种艺术载体。吃了那些包，世界便和平”。小组成员们也纷纷分享各类包子，鉴赏包子褶的话题。

包子鉴赏艺术委员会

创建于2019-05-21　组长：码农白兰度

小笼包，奶黄包，叉烧包，都是一种艺术载体

吃了那些包，世界便和平

豆瓣小组“包子鉴赏艺术委员会”© 网络

极简社交

“深度联盟”

在看似时刻互联，又流动松散的关系网络中，找到真正有价值的深度联结社交极简的第三个议题是，“如何在看似时刻互联，又流动松散的关系网络中，找到真正有价值的深度联结”，我们称之为“深度联盟”。深度，意味着不是粗糙的社交增值，或定期的社交货币发送，而是要求有精神与情感浓度的交流；联盟，意味着不只是一起跨界搞事儿，而是要在行动中激发价值与意义。

具体而言，深度联盟包括：工作上，开始将社会价值与意义融入具体的机制与公共生活机理中，例如组织进化的实践或是将社会设计融入商业领域；生活中，开始强调基于深度创造与消费的联盟，例如硬核的消费社群与通过深度创造交流形成的乌托邦社群。

因此，深度联盟，包括生活和工作两个维度三条小趋势：

（一）生活联盟

1. 回归小乌托邦社群

（二）工作联盟

2. 自主管理的组织进化

3. 融入社会机理的商业社会设计

回归小乌托邦社群
从盘活资源的人脉网络，到分享价值的精神自留地

“豆瓣上的交流还保有一丝难得的淳朴与真诚，这分外可贵。”

——二十二岛主《豆瓣不死》

过去，年轻人强调盘活资源人脉的“跨界搞事”，广泛而灵活地与来自不同背景、行业的人交流信息与资源，互相增值。然而，大量以资源与利益交换为前提的社交应酬不仅带来社交过载，也缺乏长期稳定的价值。因此，一部分年轻人开始反思过于功利的社交方式，渴望回归到能真正分享价值的乌托邦社群。这样的趋势，我们称之为“回归小乌托邦社群”。

具体而言，回归小乌托邦社群包括：

精神的共鸣共振

不再是过去为了积累人脉的彼此互惠，而是真正有精神共鸣的认同与归属感。

有门槛才有纽带

他们或借助深度的消费创造经验，或设定共同的议题章程来建立分享的门槛，从而保证无论是大小话题，社群的氛围始终是真实而真诚，犹如“故知”般的联盟。

因此，在青年文化的相关变化中，我们看到商业上并不成功的豆瓣，始终被年轻人珍视为最后的精神角落；虎扑作为普通直男相互慰藉取暖的重要社群，形成了自己独特的文化；三五好友的话题微信小群，成为很多年轻人最后的日常乌托邦。

对商业创新而言，可以思考的是，年轻人日常已经被消费主义浪潮所挟持，以用户为中心的运营浪潮中，私域流量的获取和留存，如何不停留在消费信息，而走向相对长期稳定价值的建设？基于精神和意义分享的文化流量，如何成为企业与消费者关系中相对长期稳固的自留地？

例如，在近两年被地产界看作创新标杆的秦皇岛阿那亚，被中产用户视为海边生活的乌托邦社区。围绕中产价值观和人文精神的产品服务设计和日常运营，形成了用户和阿那亚极为深入稳固的关系，也带来了阿那亚的独特竞争优势。

宇宙直男社群“虎扑”

虎扑网友自称“JRs”，可以理解为“家人”。在虎扑社区中，直男们不仅可以分享从体育到明星，再到游戏等兴趣爱好，也可以在虎扑步行街的主干道上分享生活琐事，说出自己难以在生活中吐露的真实窘境，不再作社交媒体上的“失语”男孩。

宇宙直男社群“虎扑”© 网络

“脱水”App

“脱水”一名取自《三体》，意思是不要有水军。是一个专为记录思考与脑洞的年轻人提供的社交平台。App 中专设“观点小圆桌”，覆盖当代生活重要议题，如“这是一个过劳的时代吗”“言论自由应该有边界吗”等。

“脱水”App© 网络

豆瓣小组不死

2019 年 10 月，豆瓣广播消失后，一些豆瓣用户自发地建立了“过渡小组”，邀请了其他用户进入小组中。大家在组内纷纷感叹豆瓣作为精神角落的重要性。其中“过渡时期版聊”小组进组人员与日俱增，在恢复广播前，人数接近十万人。

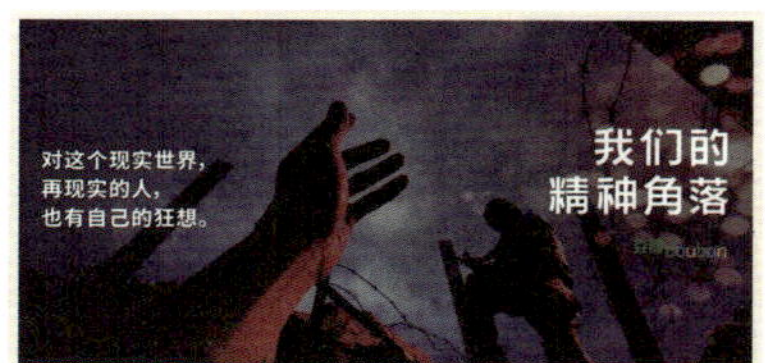

豆瓣广播消失后，一些豆瓣用户自发地建立了“过渡小组”，邀请了其他用户进入小组中 © 网络

那日生活乐园

位于成都浦江县西来古镇的那日生活乐园，是由一群从事各行各业的都市年轻人共同发起并创建的生活实验社群。从成立以来，这群曾经在一线城市打拼奋斗的年轻人，重新回到乡村田野之中，展开新的理想生活实验。

那日生活乐园，是由一群从事各行各业的都市年轻人共同发起并创建的生活实验社群 © 那日生活乐园

02 自主管理的组织进化
从以能力驱动的组织管理，到以使命驱动的自主管理

“从为成长而工作，到为使命而工作。”

——青年志 大毛

这样的深度联盟，年轻人也希望能在工作中获得。传统的组织管理学将员工视为人力资源，采用 KPI 绩效或者个人成就感激励员工努力工作，比如“能做‘996’是一种巨大的福报”。

今天，更自主的年轻人越发重视工作领域的选择权和自主权。他们希望自己的工作不仅能为自己带来金钱等物质的资源，更是和自己的价值观与世界观相符的。因此，在与组织的关系上，他们强调组织的使命愿景要与我个人的使命愿景彼此认同，而在具体工作的开展上，他们也渴望能够去除传统组织中层级式的交付，取而代之的是更为灵活的自我管理与灵活协作。这样的趋势，我们称之为“自主管理的组织进化”。

具体而言，自主管理的组织进化包括：

个人使命带来的内驱力

个人不是公司的附属物，并不是公司使命高于一切。年轻人工作的动力，来自个人使命和组织使命的重合。这带来了意义感和成就感，也带来了归属感。

自主管理带来的成长

使命驱动下的工作，个体主动性会增加，等级感会减弱，层级管理转变为自主管理，通过主动协调协作来解决问题。这样的成长，要更为全面和迅速。

因此，在青年文化的相关变化中，我们看到了年轻人对“996”和资本主义体制的反思，对职场文化的反思，对工作意义的反思；看到了不少青年组织和商业体，开始探索尝试自组织形态的新管理模式。

对商业创新而言，层级制下的传统公司文化，已经到了需要进一步改革的时候了。要与年轻员工一起感知未来，一起创造未来。这样的创新，并不是适度授权，有问题就回收权力的常规操作。而是要从日常工作方式、组织架构模式、公司文化着手改变。其中最为紧要的，是需要思考公司作为组织的愿景和使命，是否可以真的吸引人、留住人、激发人。

青色化进程中的组织

在合弄制 [4] 下运作的上海 T12 咖啡；正在经历青色组织改革的“青年志”。

青色化进程中的“青年志”© 青年志

推进组织进化的平台

在中国推动组织形态创新的 /me 我斜杠；一年一度的组织进化年会。

在中国推动组织形态创新的 /me 我斜杠 ©/me 我斜杠

03 融入社会机理的商业社会设计
从回馈社会的企业责任感，到融入商业机制的社会价值

“我们希望让更多的生活被看见，从而产生了更多人的可能性，跨越注意力的鸿沟。”

——快手研究院

这样的深度联盟，最深入的方式是商业组织的社会设计。先前，商业世界更多喜欢谈论企业社会责任，着眼于如何改善企业经营，发挥企业对社会的积极影响。但因为缺少嵌入机制，往往流于空谈。

今天，一些商业组织开始围绕原生消费者进行商业世界的社会设计，不仅强调企业的社会责任，而是更为主动而有意识地运用技术和创造力，将社会问题的解决方案融入具体日常工作中。例如，奉行“普惠”价值观的快手，通过控制已有大流量用户的热门曝光度，为有优质内容的新用户或小体量用户获得更多曝光度提供可能，让更多的生活得以被看见。这样的趋势，我们称之为“融入社会机理的商业社会设计”。

具体而言，融入社会机理的商业社会设计包括：

社会信任带来新的竞争优势

企业面对人，不回避社会问题，在商业自身的机制中去主动解决问题，与业务做整合，才能赢得真正的社会信任，而这会带来长远的竞争优势。

愿景和使命驱动下的真诚选择

不关注人、社会和文化，企业没有真正发自内心的愿景和使命，在这种情况下，企业很难做出商业的社会设计安排。

因此，在青年文化的相关变化中，我们看到了快手品牌影响力的迅速拉升，看到了年轻人对腾讯品牌的新期待，也看到了可持续话题从小众上升为大众关心的热点。

对商业创新而言，要建立与消费者的长久关系，需要真正在自身的愿景和使命上下足功夫，也需要基于愿景和使命，真正把关心人的社会价值带入日常商业运作中。这是底层的创新工作，也是未来最大的机会。围绕人和自然的关系，可持续的社会价值，会持续催生商业创新，会有更大的想象空间。

热点信号

快手“科技普惠”

快手秉承“让每个人都能被看见”的理念，在流量引导机制上为新用户提供更多曝光度的空间，不仅让唢呐吹奏者、养羊人、返乡新留守青年等原本不被大众关注的用户走进主流的视野，还为许多用户开拓了新的创业空间。

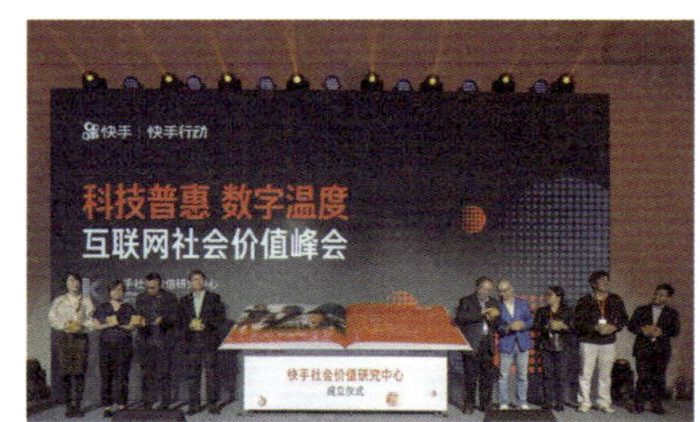

快手秉承“让每个人都能被看见”的理念，在流量引导机制上为新用户提供更多曝光度的空间 © 快手

快手主推教育类账号

在 2019 年 GES 未来教育大会上，快手官方宣布将在春节前拿出 66.6 亿流量助力快手平台上教育类账号的冷启动。

在 2019 年 GES 未来教育大会上，快手官方宣布将拿出 66.6 亿流量助力快手平台上教育类账号的冷启动 © 快手

腾讯“科技向善”

2019 年底，腾讯正式公布全新的使命与愿景“用户为本，科技向善”：一切以用户价值为依归，将社会责任融入产品与服务之中；推动科技创新与文化传承，助力各行各业升级，促进社会的可持续发展。

Tencent

用户为本 科技向善

—— 写在腾讯文化 3.0 发布之际

各位同事：

大家好！今天起，公司有了全新的使命愿景和价值观。“用户为本，科技向善”是我们新的使命愿景，“正直、进取、协作、创造”是我们新的价值观。自 2003 年我们正式发布腾讯文化 1.0 版本以来，作为腾讯最重要的产品，腾讯文化已经迭代升级三个大版本。

腾讯最初的文化源自创始人团队。幸运的是，不断有成功的业务、优秀的同事在丰富腾讯文化的内涵。从最初的几个人，到如今遍布全球的 4 万多人，每一位腾讯人，都参与了腾讯文化的塑造，腾讯的文化也深刻地影响着每一位腾讯人。

21 年来，无论是对业务影响深远的“CE”、对员工言行举止影响广泛的“瑞雪”，还是“一切以用户价值为依归”的理念，腾讯文化都贯穿始终。

随着公司的业务越来越多元，越来越多的人才加入腾讯，随着 930 变革的启动与深入，腾讯的文化也迈向 3.0，在传承历史的同时，也开启了面向未来的全新进化。

2019 年底，腾讯正式公布全新的使命与愿景“用户为本，科技向善”© 腾讯

极简社交

“创新前瞻”拥抱深度孤独与反流量的深度联结

大平原开启以来，我们一直主张，面对流动共生的社交关系，品牌的角色，应当从“关系连接者”，转变为“关系增值者”，帮助年轻人盘活社会关系，获取新价值。今天，面对极简社交的趋势，品牌需要思考，在逐步抹去社交泡沫之后，在年轻人希望完美拟态，追求精神净土以及深度联盟时，品牌可以做什么，给年轻人社交带来新价值？这里有两个关键问题值得探讨。

第一个问题是关于孤独。品牌要学会拥抱深度孤独。今天社会环境下，个体的深度孤独状态，信任关系的难以建立，已经是时代的常态，也是时代的重要挑战。这种状态无法通过促进人与人社交得到完全解决。以前品牌面对孤独推动社交增值的思路，更多是把孤独作为一个需要通过社交解决的问题，以品牌和产品作为社交工具和背景，提供各种新鲜的社交玩法，帮助破冰建立关系。但今天需要更多思考的是，孤独不一定都是用来打破的，而是要学会面对，全力拥抱的。在深度孤独，万物皆可恋的今天，产品和服务有机会直接成为年轻人亲密关系的对象，成为完美拟态的一部分，成为孤独生活常态的一部分。

同时，在品牌与年轻人的互动方式上，过往我们习惯制造社交事件，搞裂变玩法，关注如何获取大流量。从极简社交趋势看，更重要的是如何设置空间与机制，触发简单社交，建立干净简单的人与人联结，不是过度的商业联结。强行社交所获得的，可能是短期的注意力，但本质上都不是长期的消费者资产。

第二个问题是关于意义。不管是私域还是公域流量，在深度联盟的趋势下，品牌与消费者的关系维护，用户的长期运营，需要关注如何建立有深度的联结。流量思维容易把消费者当成需要以各种方法来争夺注意力的对象，而非可以与品牌同行的伙伴，需要让关系持续增值的伙伴。

因此，**品牌需要提供文化、价值和意义，建立与用户的深度联盟，尤其是超级用户的深度联盟**。品牌的消费者日常运营，要看有没有培育真正的消费者资产。2019 年蔚来在最困难的时候，无论是在沟通还是销售上，都会看到那些最忠实的超级用户在帮助蔚来。这是品牌与用户关系深度联盟带来的力量，与流量大小无关。因此，我们也能理解，为什么 2019 年末开始，营销界又开始反思品牌建设的重要性。

本章名词解释

[1] 精芬即精神上的芬兰人，泛指像芬兰人一样不爱社交，极度注重个人空间的一类人。

[2] 回忆版聊灌水时期意思为在一个帖子中有很多人一起聊天，楼层很多。

[3] Reddit 是一个社交新闻站点，口号是“提前于新闻发声，来自互联网的声音”。

[4] 合弄制是由角色来承担工作的管理系统。一项工作被看作一个“角色”，同一个人可以选择承担不同角色，和其他人配合完成工作，按照角色分配权力，合弄制也叫全体共治，被认为是一种“无领导管理方式”。

第6章

文化力
与
国民性
品牌

在这样一个围绕价值的分化与冲突的年代，我们可以重新发问，今天商业组织的角色是什么，营销者的使命是什么？

过去几年，技术全面主宰营销，面对风口，增长和利润成为唯一 KPI。宏观环境变化正在提出新挑战。年轻人已经充分认识到不确定性围绕价值的冲突和纷争，这对于他们的观念和行动有长期影响。商业从业者需要深刻认知其中的挑战，重新思考我们自身工作的价值，反思商业组织文化与技术文化。在“青年志”看来，围绕欲望和资源的重置，青年文化的全新转向，这样的新局面、新趋势也将带来新机会，那就是真正意义上国民品牌的诞生可能。

因此，面对趋势变化，我们仍然主张**品牌要有文化力**。品牌可以从包括文化敏感、社会价值、人的价值以及技术的认知四个方面，建设自身的文化力。

文化敏感

在一个价值纷争和冲突的年代，文化敏感度以及预警能力会成为企业生存的必备新能力。2019 年我们见证了滴滴和华为的公关事件，在可预见的未来，我们还会见到更多类似事件的发生。

社会价值

这种敏感度，也跟企业如何在今天重新理解自身作为社会组织，而非简单商业组织的价值有关系。**企业和企业家的社会价值会成为真正的品牌资产**。它需要品牌明确自己对于生活与世界的看法，需要组织有自身的价值观与文化，需要它与这个世界和人们一起感同身受。2019 年我们见证了包括 NIKE 在内的全球很多品牌，开始探讨与自己的消费者，与自己产品和品类相关的社会和文化关键议题，哪怕争议不断。我们也见证了腾讯把自身的使命，调整为“科技向善”之后，所赢得的众多公众的积极反馈。

人的价值

文化敏感和社会价值的重要性增加，也必然要求**企业更加关注完整人，而非消费者**。以人为中心，关注人每一天踏实的生活，关心他们的真实感受，解决他们的匮乏感，而不只是欲望。关注整体的人，也需要摆脱功能—情感—身份的消费者价值升级阶梯逻辑，提供扎实的产品和服务，真切进入人们的日常活动。

技术的认知

最后，这也不可避免地会涉及企业对于技术的认知和态度。可以预见，通过各种新技术手段，人类价值的想象和实践正在不断探索和扩展。**如何认知技术，定义技术伦理，已经成为科技企业无法逃避的关键问题**。同样，技术发展会影响人们如何重新定义自身生活和工作价值，这会带来对传统非科技品类产品和服务的全面创新机会。

我们非常期待中国诞生真正国民性的品牌。从文化战略来说，企业需要关注时代的裂缝和机会。很多的国民性品牌，都是在时代的巨大转变中诞生的。他们更贴近于安身立命，而不是消费主义的繁荣。宜家诞生于“一战”之后，可口可乐在“二战”的民族浪潮中成为国民品牌，NIKE 在有色人种的民权运动中崛起。

在“青年志”看来，中国本土国民性品牌的崛起，不是源自对巨头市场份额的蚕食，不是制造业基础加持供应链造就性价比天下无敌，也不是消费升级的巨大内部市场红利，而是真正了解本土生活的安身立命问题，在社会和文化的大趋势里有机长成。

“青年志”希望每一年，都可以与商业和青年文化生态伙伴一起，观察趋势，探讨创新，推动社会与文化的变革。2020 年，让我们一起期待，共同努力。

第7章

共感
共谋
共建

趋势联合观察者访谈记录

01 趋势联合观察者访谈

（闲鱼）

青年志：我们发现，“闲鱼”现在不仅仅是个二手消费的平台，也涌现出许多基于兴趣的鱼塘社区。你们如何看待这一现象？有哪些值得关注的消费行为变化？

“闲鱼”社区业务负责人沈婷：“闲鱼”是一个纯粹的 C2C 个人闲置交易平台。自它建立至今，一直以“闲置社区”的样貌呈现在大众面前。在“闲鱼”，“闲置”涵盖的范围比较丰富，包括了二手和全新的物品。

最近几年，年轻人在消费时不像过去那样追求性价比、品牌，而是更倾向于兴趣导向消费。目前，“闲鱼”上 52% 的用户是“90 后”，其中大部分是“95 后”，他们形成了许多清晰和细分的兴趣圈子。比如，在“二次元”大圈层下，细分出诸如模玩手办、coser（角色扮演玩家）、Lolita（洛丽塔）、汉服等清晰的兴趣圈层。而根据不同年轻人的消费能力、城镇、文化以及家庭背景所产生的圈层均衡效应，单个兴趣圈层里的消费行为也包含着鄙视链。例如，根据购入价格和风格的不同，Lolita 裙装分出了六级鄙视链。

目前，许多年轻人在“闲鱼”上不止进行闲置交易，还会与有共同审美和兴趣爱好的同好们聚在一起，交流讨论。“闲鱼”通过“鱼塘”等社区类产品，帮助年轻人与圈内人相互交流，认识新朋友。平台上也出现了年轻人在线上玩“鱼塘”，也在现实生活中约见面的情况。

从社交层面看，“闲鱼”区别于其他社交平台的地方在于：“闲鱼”具有由兴趣消费构建的圈层精准性和真实性。在一些社交平台上，人们为了融入某个圈子可以伪装自己的“人设”。但在“闲鱼”这个以兴趣消费为导向的平台上，聚集在一起的是真正喜欢同一件事的“一拨人”，而且，这些圈子的体量可能不一定很大，但活跃度很高。

在消费方面，最近在持续观察“闲鱼”上的盲盒经济。盲盒消费其实是存在已久的消费形态，它背后的逻辑和小时候吃小浣熊泡面收集英雄卡一样。但它的爆发有两方面原因：首先，它的 IP 与设计对年轻人而言有审美和收藏价值，而且这些 IP 本身就有大量拥趸作为粉丝基础；其次，盲盒刺激了人们对未知的好奇，一些人觉得花 60 元不知道能抽到什么，也期待抽到隐藏款。目前，“闲鱼”上的一些隐藏款基础价可以炒到几千元。

此外，我们还看到许多年轻人喜欢动手 DIY、做二次改造。比如娃圈里的年轻人，他们不仅做娃娃，还会把 LV（路易威登）的包包剪开，用这些皮料制作娃娃的衣服、包和鞋，这些所有的配件成本加起来甚至比娃娃本身还贵。此外，一些年轻人也很喜欢改造和涂鸦鞋子。可以看到，这些“95 后”非常喜欢彰显自己的独特个性，他们对于独一无二的东西的需求非常强烈。

“闲鱼”上除了有实体商品的闲置交易，占比较大的一块消费是“闲置技能交易”。比如，一个人会弹钢琴，这个技能平常除了在家长、亲戚等人面前表演之外一直处于闲置状态；而在“闲鱼”上，即使你不是专业教师，也可以出售这个技能，教其他同样在学习钢琴的人。类似的行为还有语言教学交换。总而言之，人们可以在这里交换所有的已有技能。

现在，年轻人消费时很理性，而且会“以卖养买”。比如买手办时，一些人会考虑增值空间，在合适的时宜转卖出去后再买新的。这种消费习惯和今天的社会背景相互关联。在信息爆炸的今天，人们可以随手搜到想要的资讯，而且所有的消费平台体系足够成熟，只要年轻人想涉猎某个领域，基本都能找到一个理性的可参照和依赖的路径。

02 趋势联合观察者访谈

（真实故事计划）

青年志：“如何重新审视与管理生活欲望”的议题之一，便是“如何重新发现低线城乡的价值”。“真实故事计划”也一直关注着小城青年的走向。在这一块，你们今年有哪些新的发现与感受？

“真实故事计划”创始人雷磊：未来，“返乡青年”可能会是一个新趋势，因为当城市提供给年轻人结构性的机会变得越来越少，在人口大量撤出的三、四、五线城市，或是更小的地方，过去板结的社会结构正在发生变化。这有点像是城市空间经历过萧条之后被重置，它反而为年轻人留下一定的空间。

今年鹤岗算是一个标志性的城市，最近我们写了一篇关于它的文章，叫作《留在鹤岗的年轻人》。其实，在许多媒体唱衰鹤岗的奇观之中，我们看到一个不一样的点：回到鹤岗的年轻人变多了。作为曾经的煤炭都市，鹤岗一度很繁荣。在前几年，当地的年轻人就业呈现两种趋势：**一种是年轻人朝南方经济更活跃的地方跑；另一种是年轻人回到鹤岗后，靠人脉、关系考公务员或进入事业单位。**但到现在，在很多人离开鹤岗、城市发展回落之后，房价开始下跌。你在那儿 5 万元就能买房，1 块钱就可以吃碗面。**可能在这种情况下，对于那些没有那么向往中心式生活的年轻人而言，在鹤岗建立他们自己的生活，反倒是更容易的一种锚定生活的方式。**

包括前段时间我回到老家，一个位于陕西安康市的县城。我惊奇地发现一位朋友在城市里打拼了一段时间之后，又回到我们那个小县城里，租了栋小楼，开了家近 30 人左右的新媒体公司。这样的公司要是放在北京并不稀奇，但在县城里做起来就很难得了。他先是在县城里开了个公众号，分享的都是很接地气的生活资讯，比如有什么新店、新公交车、哪条路段堵了。我们全县 22 万人口，超过十几万人关注了那个公众号。他还做了一个粉丝近 600 万的抖音美食账号，叫“乡村胡子哥”。视频拍摄的背景是当地很美的山水，博主本人非常有表现力，做的东西让人很有胃口，剪辑也很精良。我甚至觉得比很多一线 MCN[1] 公司做的东西要更精致。在做生活资讯和视频之外，他还看到了当地人结婚的刚需，开了家婚姻介绍公司。

你会看到这样的年轻人，他在只有 22 万人口的小县城里，可以做那么多事情。我的这个朋友之前在省会城市工作，因为学历不大好，很多时候处在被挑拣的过程中，他自己觉得挺难受的。**回到县城之后，他其实需要把自己的资源重新配置一次：他既可以在自己身上配置来自大城市的认识、技术以及创业所需的背景知识；也可以利用低成本的乡村环境和自己对县城社会的了解，构建起自己的有机体。**

我觉得这是之前社会很难出现的现象，“真实故事计划”近两年写了很多类似的回到地方工作的故事。在过去，县城里大家争得最多的资源就是公务员职位、事业单位职位。**但现在你会发现，像我朋友那样的人，开始利用时代提供的工具、方法论和新的经验，在原本的生态环境里以大家都不知道的方式，开始了他自己的打拼。而且，在这个空间里没有人会阻拦他。**

03 趋势联合观察者访谈

（TX 淮海）

青年志：在 TX 淮海看来，今天线下零售空间的创新方向在哪里？TX 淮海是如何打造策展式零售空间的？

盈展集团主席司徒文聪：大概在 2010 年之后，电商的快速发展给传统零售业带来了很大影响。那时候我们就明白，传统零售的好日子已经到头了，必须有创新。

在我们那个年代，对消费者的划分基本都停留在诸如“18—25 岁”“26—35 岁”“男性”和“女性”等单一标签。但在互联网时代，这种定位方案是错误的。现在年轻人身上的兴趣标签非常多，且存在动态变化。而一旦一个人身上的标签增多的时候，Marketing（营销）就很难做了。

后来，我们建立了研究团队，专门研究年轻人的消费模式，寻找解决方案。我们发现，在年轻人的消费模式里，最容易令他们产生联结感的是社群 KOL，比如科比在篮球社群中很有影响力。于是，我们决定以社群经济为切入点，通过打造文化地的方式构建线下零售体验地。

过去，购物中心走的路子是先有品牌类聚，再看文化。但今天，TX 淮海希望先奠定文化基础，再吸引相关的品牌集合，将 TX 淮海打造成年轻人潮流文化的地标。而打造文化地的第一步，是找到志同道合的文化同好。因此，**我们先把所有志同道合的人变成伙伴，共同打造这块文化高地。**比如，我们和陈冠希、藤原浩成为朋友，而且之后计划定期邀请有影响力的年轻人来演讲，分享如球鞋、滑雪和摄影等年轻人喜欢和关心的话题……这样一来，也会吸引更多希望了解潮流的年轻人来到这里，TX 淮海也才有机会逐渐变成潮流文化的精神地。

在空间上，TX 淮海希望打造策展零售（CURETAIL，即 Curated-Retail）空间。近两年很火的 Gentle Monster（眼镜品牌）定期更换自己的先锋艺术展览，吸引了很多年轻人定期回访看展。而这些年轻人在看展后会进行周边产品的情感消费，随手就买了一副眼镜。这背后的逻辑也是策展式零售的真谛，即为人们创造“看展”的机会，让他们在非刚需的情况下提前研究购买物品。

TX 淮海是一个平台，我们希望以策展式零售为方法论，和所有的品牌方一起玩。这意味着，所有进入 TX 淮海的品牌，都需要用策展式思维打造门店，比如，物品的呈现方式都必须要有故事、有热点。最近在 TX 淮海年轻力中心的 INNERSECT 门店由黄谦智设计整体空间，所有东西都由环保材料制成，而且现场是一个展。

在 TX 淮海，除了有策展式的品牌零售门店，我们还会提供品牌“搞事儿”的空间。TX 淮海计划成为一个当代艺术空间 Immersive Art Gallary（简称 IAG），在这里展出的都是先锋的当代艺术装置，而且会高频次更换艺术家和内容。村上隆、奈良美智和草间弥生等人的作品是我们希望呈现的展览内容。

此外，我们还想改造一些店铺的业态。比如，我们观察到一些夜店白天的空间是闲置的，觉得很可惜。因此，之后还可能和 teamLab（商业协作平台）打造一个混合空间，早上 9 点到下午 5 点是展览，晚上 6 点以后变成和电竞电音相关的特色夜文化空间。另外，我们还可能打造一个白天卖面包，晚上卖酒的空间。

04 趋势联合观察者访谈

（公路商店）

青年志：文化符号一直是年轻人消费与创造时的重要资源。我们在今年的趋势观测中，也发现符号的调用与杂食已经开始跨越时空的边界。在这一块，你们今年有哪些新的发现与实践？

公路商店 CEO 康阳：我们有个栏目叫作“混蛋消费主义”。它的核心本质就是游击式的符号调用，一种涂鸦方式。实际上我们并不是在倡导消费主义，甚至是持一种反消费主义的态度。在公路商店里，大家会看到我们总是抓取消费主义里那些边缘的东西，那些无法彰显个人物质财富，或大家原本并不在意的消费品。**我们无法逃避或者忽视消费主义在当代社会的盛行，于是我们以一种后现代的解构方式注入商品当中，这样能把我们认为的商品的价值和意义尽可能放大。**

其实在今天，有一部分思想上引领先锋的青年群体，他们已经跳过那些表面的、肤浅的符号性消费。**他们已经不再会追随一个布道者了，大家只会忠诚于那些创造者。**他们渴望撷取商品符号背后的意义和价值体系，这个背后是真正具有长久生命力的创造性。我们今天生产的东西，并不是根据其使用价值或者其可能的使用时间而存在，而是恰恰相反——根据其死亡。仅仅这一点就足以对有关用途、需求等整个经济学“理性的”公诉产生怀疑。因此，我们相信绝大部分年轻人已经无法和消费时代隔绝开来，但他们和中老年在购物观念上的本质区别，是他们愿意为一种价值买单。通过产品，消费者接触到了一种思想和理念的表达，不管是专业性的审美价值，还是异想天开的恶趣味，创造者让消费品本身具有了重新整合、重新定义后的价值，人们再通过这些价值建立人与人之间的联系，相聚快乐。

符号的杂食还体现在线下空间的各种创新上。我们今年（2019 年）在上海做了一个便利店，即上海长乐路 624 号。这家店实际上就是街头一个服务于社区的小店，但慢慢地形形色色的人聚集在那儿，成了上海青年街头夜生活的缩影。虽然我们并没有去计划让它成为什么样，但现在它显然已经成为一个文化地标了。

对于品牌而言，我觉得未来对公共空间的整合会是一个特别好的趋势。之前有一次去美国的时候，我去了一个有十层高的停车场。那个地方因为大部分人不愿意绕到顶层停车，都把车停到中间层，所以顶楼是空着的，没人管。于是每到周五、周六就有一群年轻人把车开到顶层，抽烟、喝酒，打开音箱，紧接着那儿就变成了 100 多人的 party。但其实这本来是二环里为城市服务的停车场，但它在年轻人开 party 的时候兼具了另外的功能，这个功能就是复合的功能。

05 趋势联合观察者访谈

（西瓜视频）

青年志：你们观察到西瓜上新晋的短视频创作者，正在呈现出哪些不同于以往的创作特点？大家消费什么样的短视频内容有发生变化吗？

西瓜视频市场与娱乐中心总经理谢东升：从趋势上看，我们发现用户的消费习惯在向视频转移，**而且长视频、短视频、小视频形态的边界在变得模糊。**我们发现用户消费视频的习惯是长短融合的，比如说他们在看到 CUT（短视频片段）之后，会自发找相关的长内容消费；同样，在长视频内容消费结束后，也有相关短视频的消费需求。

另外，**UGC（用户原创内容）视频数量呈井喷式增长。**现在拍摄视频的工具非常简洁，拍视频变成非常自由的一件事。你可以随意拿起手机拍摄，再配上音乐和字幕。所有人的表达欲被无限放大，创作的门槛被无限降低。

西瓜视频今年提了个口号："拍了就是 vlog"。vlog（视频网络日志）这个概念提了很多年，但 2019 年才是中国的 vlog 元年。过去是一小撮 KOL 在拍，但现在 vlog 的拍摄者不止那些潮酷的人。从西瓜视频的内容上看，有很多"原生 vlog"出现，比如很有特色的农人类、赶海类视频。过去，我们可能会觉得这些视频比较下沉、不够酷，但今天，我们发现很多年轻人喜欢看这类视频，像是一种"精神农家乐"，人们看视频很放松。就像青年志在 2019 年青年趋势榜单中对"赶海 vlog"的描述一样："给原生态制作者们一个平台，让一线城市的社畜青年在水泥森林之外，终于有机会返璞归真，和渔民一起，在岸边走走停停，享受或恬静或硬核的自然海景"，很贴切。

由于内容结构的变化，行业也发生了相应的变化。现在一些市场上专业的内容制作公司（通常会做综艺、做剧集等）在发现短视频有市场机会后，也把技能下沉，做一些不那么"精品化"的内容。举一个例子，有可能我们把"办公室小野"制作成一档设计精良的综艺可能就没有那么好看，反倒她自己很真实有趣地在办公室用一些日常素材开开脑洞，用户们会非常喜欢。

青年志：在“西瓜视频”平台上，创作者与粉丝之间的互动有哪些值得关注的变化？

西瓜视频市场与娱乐中心总经理谢东升：此外，**我们也看到粉丝和创作者之间彼此的联结感和信任感在不断增强。**现在，平台上很多独立的创造者也拥有了自己的小店，卖自己的品牌产品，而且产品销量比传统品牌或是淘宝店产品要好，比如巧妇九妹的水果、美食作家王刚的兔肉、李子柒的各种产品销量都很好。消费者在日常观看视频的过程中对他们产生了信任感，并将这份信任感延伸到他们买东西的过程中，这和人们平常逛淘宝店的感觉完全不一样。

对于这些品类的创造者，除了人以外，我们也会把他们理解为一个个“店铺”。这背后有很多用钱投票的深度消费行为产生，并且一个个零散的点组成了非常有意思的品类。**这和平台推电商的逻辑很不一样。**刚才提到的巧妇九妹，在她走红之后，村子里的亲戚们也跟着出来做视频。我们管这种趋势叫“全家成为创作者”。她现在的年收入是一千多万，基本带动了整个村的经济，也因此成为扶贫的经典案例。在过去，一个人每天种种地、炒炒菜就能取得这么多收入是不可想象的。

过去，创作者基本都是独立的野蛮生长状态，但现在有个趋势是**创作者自发会形成 community（社区）生态，彼此之间共创和融合的空间增多。**比如，美食作家王刚起来了，华农兄弟也很火，之后他们就推出了一个视频——王刚提着刀到华农兄弟那儿做菜。除此之外，你还能看到郭杰瑞、办公室小野、独角兽等创作者也会跳到别人的视频框里去。对于他们而言，假如觉得彼此气质相投，有共创、融合的空间，就会进行屏与屏、框与框的融合。

06 趋势联合观察者访谈

（异视异色）

青年志：异视异色持续在观察和报道国内外的亚文化群体，想请你们谈谈日常工作中观察到的 Z 世代年轻人是怎样的状态？相较千禧一代而言，他们有怎样的变化？

异视异色（北京）文化传播有限公司联合创始人，内容总监 madiju：最近，我们在拍关于潮流的纪录片《我们的浪潮》。我们去往世界各地，拍了很多 Z 世代的年轻人。但我们发现这代年轻人和千禧一代不大像。千禧一代的文化标签更清楚，他们会寻求某个圈层的归属，然后扎根其中。可能和互联网的发展有关，Z 世代年轻人展现出的状态是：时空感和空间感消失了，所有过往的文化属性、审美都铺平在他们面前，他们可以自己选择各种东西，然后拼贴在他们的身上，产生出一种多元、拼贴的文化感。

之前还和同事聊到，整个世界的千禧一代似乎是真正迷茫的一代，而新的 Z 世代没有那么强的迷茫感，或是对“迷茫”的恐惧感。此外，千禧一代会把“迷茫”标签贴在自己身上，同时带有很强的对抗感，你能感受到他们对理想主义的强烈追求。但 Z 世代相对而言比较务实，这里说的“务实”并不意味着他们不追求理想、奋斗，只是说没有那么强的迷茫感和对抗感。

在拍摄《我们的浪潮》时，有一些拍摄对象会让人感到他们不太一样了。一位是住在美国西岸的 Angel Nightmare，我们在调研的时候就被这个名字和他的 instagram 内容吸引了，觉得非拍不可。他是一个数学专业的学生，同时也在一个哥特乐队里，还玩说唱。除此之外，他还在认真经营自己作为美妆博主的形象，哥特是他妆容里比较强烈的一种风格。像他这样的年轻人还挺多的。从他们身上，我感受到一种“拼贴感”。

还有一组是我们在莫斯科拍摄的三位年轻人，他们是一个 DJ 组合，都是艺术系的在读大学生。同时，他们都来自典型的精英知识分子家庭，父母可能都是艺术家、电视主持人、学者或诗人。一种与生俱来的审美让他们成为小圈层里的引领者。在接触他们之前，我们觉得他们应该会挺有地位和成就的。但真正聊起来之后，发现他们既没钱，也不知道自己该干什么，甚至连他们自己都会疑惑我们为什么会拿这么贵的机器来拍他们。当时，受莫斯科政治环境的影响，很多夜店都关停了，年轻人会找各种地方办 party。这几个年轻人算是现在新一代莫斯科文艺生活的核心力量，知道我们要拍他们之后，就说“我们的梦想是在船上办一个派对”。就这样，我们帮忙联系了一艘船，这艘船在莫斯科河上停靠了几站，接上疯狂的年轻人，他们在上面跳了整晚的舞。

第二天拍摄时，他们还没从头一晚“船趴”的宿醉中醒过来。直到第三天，我们才开始继续和他们聊。聊完之后，我们发现这些年轻人身上有扎实的底子：从小父母给他们展现的场景就是很大的，书读得很多，去过很多地方，见过很多不一般的人物。对他们来说，资源的索取很容易。但个人的状态像是既知道自己有一身武艺，也知道自己现在什么也干不了，同时还不知道自己将来能去哪儿。他们现在就处于这种状态。他们身上依然带着所有年轻人都会有的成长的迷茫：不知道自己现在能做什么，但他们知道自己应该去做什么，他们很了解自己身处的社会。

最近我在梳理柏林拍摄的文本，挺大的一个困难就是如何把这里的人物和氛围描述给中国的主流受众。因为那些人看上去就是整天无所事事的，也不知道在干吗，他们不太符合我们社会所倡导的成功学。但反过来想想，柏林其实为年轻人提供了一个不用那么担心钱的空间。但现在社会中这样的空间变得越来越少，比如房租对很多年轻人来说就是个重负。

另外，现在年轻人从小见到的东西太多，想要一下子就得到“最好”的东西。他们身上的“实用感”表现得太直白了。比如，刚毕业的大学生在第一份工作里就开始不停地追求涨工资。这和我们以前的状态完全不一样。我是“80 后”，从大学开始为自己赚零花钱，到毕业找工作，再到后面的每一次换工作、换城市，每一次变化都会给我带来成就感，但这个成就感的来源一定不只是“钱”。

如今，年轻人的状态像是既要有理想，同时也需要有现实的回报。这样一来，过程就会变得很艰难。人们应该要经过试错和不太在乎的阶段，才能知道“理想”在哪儿。现在的确有很多机会，但所有机会的导向都是“财务自由”，我很讨厌这个词，这么早就要给年轻人一个“财务自由”的幻想，觉得很可怕。

07 趋势联合观察者访谈

（WhatYouNeed）

青年志：前几年，伴随新兴行业的极速发展，年轻人都积极拓展技能，捕捉机遇和可能性。今年，整体的经济和就业环境遇冷，我们也明显感受到年轻人工作和生活的压力更大了，“累”成为大家普遍的身心状态。从“WhatYouNeed”的角度来看，你们在年轻人如何处理工作和自我发展这方面，观测到了哪些新的变化？

“WhatYouNeed 我要”创始人 Blake：最近，我在和我的读者们聊起来的时候，发现可能是社会形势所迫，许多人都聊到最近在找工作、换工作以及还没办法养活自己这类话题。可能是因为现在“全民创业”浪潮已经过去，新兴行业发展速度不如从前，他们发现那些刺激性因素减少之后，原本的工作机会就这么多，也不知道下一步该往哪里走。包括最近的裁员风气，让大家感到无形中压力增大了。

面对这样的压力，身边的人，包括接触到的一些学生，其实都在找各自的“解法”。我最近在公司内部做了件事，让大家写五年的个人计划，收到了很多真诚的回答。其中有一个女生，她现在正在我们公司做前端开发产品。在工作的这两三年时间里，她经历了一个过程：从乐观到惊讶于自己很“落后”，再到接受自己，并修正目标。大学毕业后，她先是到一家公司做前端，用原来学到的技术框架工作，后来从普通员工晋升为领导。当时她觉得还挺好的，想换一个地方工作，尝试别的机会。但这时，她发现她找不到工作了，因为在过去的两年里，业内的技术框架换了，但自己从来没有意识到这种变化。

当时，她面试过的公司给出的拒绝理由基本都是：你整个综合能力和协调能力都很好，但我们等不了你现学，所以你不适合我们。这其实是很残酷的评价。

但也没办法。她就只能在家重新开始。用她自己的话来说，是“边哭边在家重新学”。这样苦学了一段时间后，她才找到了新工作。现在再回忆起来，**她觉得“残酷”和“快速”已经是新的生活基准线，每个人都必须学会调整自己的心理预期，重新寻找解法。**

周围还有一类寻找解法的人是偏乐观派的，他们会关注某个领域带给他们乐观和积极的案例，这种案例也不是像之前为了寻求技能拓展的那一拨，而是似乎在**寻求一种精神上的准则：**无论做什么工作，他们都可以运用这个准则。比如我之前一个喜欢策展的朋友，她和一个有名的策展人 Patrick Newell 聊。那个策展人说，你把策展的英文单词拆开，就是“好奇”和“体验”两个部分，你只要遵循“照顾大家的体验和提供解决方案”这个思路，你在做的过程中就能找到解决方案。这个朋友之前经历过一波职业选择的动荡。现如今，她在找工作时，找的都是能发挥策展能力的工作，而不只看行业是否匹配。比如，她之前在一家地产公司工作，看起来和“策展”并不沾边，但对方提供了让她在内部策划 TED 类型活动的机会，她并没有因为一些刻板印象就没从事这个行业。

08 趋势联合观察者访谈

（LOFi）

青年志：从我们的角度看，亚文化正在成为今天年轻人创造与表达的重要符号来源。而 LOFi 也一直关注与报道最前沿的亚文化年轻创造者与最新的亚文化生活方式。想请你们谈一谈，亚文化创造在这几年经历的变化，有没有哪些新的形式与表达正在涌现出来？

青年文化创意团队“LOFi”创始人陈星如：LOFi 一直在探讨“过去和未来”“虚拟和现实”“经典和流行”。我们每一年都会做大的视觉主题：2017 年到 2018 年以 Cyberpunk（赛博朋克）为主，2018 年到 2019 年以 Y2K（Year 2000 Kilo）为主，它是在 Cyberpunk 上的一种升华。前者与科技、Sci-Fi 电影和 Sci-Fi 文化更紧密相连，后者与怀旧数码情绪更相关。

我们说“旧时光里的新浪潮”，其实指的是在互联网文化发展的影响下，人们将旧时代里的碎片组合成新东西，变成了当下的潮流。过去，大家也说“怀旧”，但基本都是说怀念年轻时光。比如我们的爸妈会怀念 20 世纪六七十年代的知青生活。但是，对于现在的“00 后”而言，在互联网高度发展的年代里，即使是他们没有亲历过的年代、文化，也可以成为“怀旧”对象。比如曾经流行于千禧年间的 Y2K 风格，现在在“00 后”当中非常流行，但这些出生于 2000 年后的孩子实际上并未成长于那个文化当中。

其实，潮流就是一直在轮回，不同的文化在一个时间点融合在一起。比如过去有 emo（独立的摇滚风格），而今天已经有 emo trap（摇滚与嘻哈的结合）了。**这些潮流的新特点，主要还是模糊边界和跨界。**在 90 年代，摇滚乐、朋克和嘻哈不会像现在广义地进行融合。比如说，过去像硬核说唱等 Old School（传统）是一种自成一派的风格，**但现在基本是从生活方式、音乐风格以及潮流风格等方面进行跨时代、跨界和模糊性别的融合。**

现在，大多数年轻人不会用特别标签化、族群化的方式去展现自己属于哪一类人。比如大众广义理解的“亚逼”们，他们不是单一地喜欢 Hip-hop（嘻哈）、techno，而是喜欢非常碎片化、DIY 式的组合。他们是这么一群人：可能受到 Cult 文化[2] 影响，甚至是异教徒、魔鬼崇拜，看起来非常不日常；会出现在北京的招待所、上海的 all club（一家小众酒吧），也会看陈天灼的展，会喜欢陆扬。他们的衣服不是什么大品牌，而是买一堆“破烂”自己剪一剪、改一改，变成自己的东西。他们可以去看摇滚乐，也可以去看非主流的声光电表演；他们会听 Hip-hop，也喜欢二次元动漫，不觉得听了 Hip-hop 就不能穿 Hello Kitty。**他们在组合的方式上没有什么规则可循。**

比如像 Yung Lean、Rico Nasty 这样的新生代艺人，其实是把黑人文化和白人说唱以及互联网文化相融合，做到了模糊人种和组合不同的文化。此外，现在潮流文化也在和神秘主义进行融合。所以，**我觉得在未来，像部落、民族这种原始的、在精神上更深层次的东西，会和互联网文化、潮流文化进行再度融合。**

09 趋势联合观察者访谈

（摩登天空）

青年志：想请你们谈谈，在过去一年里，年轻人在音乐消费上有哪些值得关注的地方？

摩登天空数字传媒内容总监伍叁伍伍：从去年到今年的最大感受是，网络综艺正在改变年轻人的生活。过去，电视综艺是普世性的，只有那几种类型，受众是全国观众；而现在，出现了主要受众是年轻人的网络综艺。我对两档综艺印象比较深刻，其中一档综艺是《声入人心》。它在卫视上播出，也在线上有部分分发渠道。这档综艺给行业带来了一个比较重要的改变：让中国音乐剧的饭圈浮出水面。从前音乐剧特别小众，但在《声入人心》播出之后，现在 B 站上有很多人像追偶像一样追“梅溪湖 36 子”，这些音乐剧演员也开始有流量粉了。

另一档是《乐队的夏天》，它是今年表现最好的音乐综艺。年轻人其实已经厌倦了流行歌手那类音乐综艺，而《乐队的夏天》像是从前“半地下”的摇滚乐和流量平台结合的产物。作为一档纯网综，它的状态和三年前的《中国有嘻哈》有些类似。米未作为《乐队的夏天》的制作班底，很擅长玩味人性里的东西。他们会展现出选手作为人本身的个性、状态，而不是说把所有人都塑造成一样的人。比如说他们没有把选手贴上“出身惨”“怀才不遇”“不被人理解”的标签，而是展现出每个人的不同状况。此外，乐评人群体也借这个综艺跳脱出来，他们用不同的姿态站出来，分享对同一件事从角度不同的理解。这一点和米未做的《奇葩说》类似，里面的辩题争的都不是大是大非的问题，大家进行的是一些无关痛痒的抬杠，这可能是当代青年在日常网络生活中重要的打发时间的工具。

青年志：你们观察到了哪些值得关注的新生代音乐创作人？

摩登天空数字传媒内容总监伍叁伍伍：我发现，今天所谓的“文艺青年”可能不太喜欢把自己归类，他们可能不在乎自己是不是“大众”的。不像豆瓣时代，或者更早时候的“文青”，当时他们更乐意把自己归到小群体当中。另外，“亚文化”的名称从前些年的“亚文化”，发展到后来的“青年文化”了。

“亚文化”不是一个带褒义色彩的词。假如回到几年前，我看到个别小孩身上文各种 new school tattoo（欧美新风格文身），穿各种飘带潮牌或者是乱七八糟的服饰，脚踩松糕鞋，可能还会觉得挺酷的。但现在这种现象下沉到了普通青年当中，成为一种“俗”的标志。说他们“亚文化”其实是在给一个趋同的群体归类，而我觉得在贴完标签之后，这种曾经很“新”的文化会慢慢融化在人群中，就不是一个新的、有生命力的东西了。我们其实也在思考，下一拨新的、酷的孩子在哪儿。

现在，“亚文化”群体的数量在增长，我们也由此注意到他们涉及音乐和音乐人的消费。摩登天空最近新成立了一个音乐厂牌“白猫洗衣店”，其中的玛莉羊羊是个卧室音乐人。我们发现，像玛莉羊羊这样新晋的音乐人和这些年轻的音乐听众其实是一拨人，和“80 后”“90 后”只是部分受到互联网影响的音乐人和音乐听众不同，他们都是被互联网改变的一代。此外，在《摩登天空 9》这张合辑里，一个有意思的现象是：以乐队形态出现的音乐人组合只有两三个，更多的音乐人以个人形态出现。之所以出现这样的情况，是因为这些年轻的音乐人觉得不需要乐队，而且觉得和人打交道很麻烦。

现在，年轻人的社交都在互联网上发生，他们不适应在现实生活里和人进行沟通、保持关系，觉得这样太累了。他们宁可在卧室里，在线做音乐、跟团队宣传……对很多人而言，现场表演可能并不在他们的计划中，基本都是在卧室做完音乐，再通过网络传播，所谓的表演也就是拍个视频发到网上。一切都可以通过互联网实现。

对于这批新的音乐创造者而言，可能他们既是创造者也是消费者，而所谓的“创造”也是在他们的维度中创造。他们甚至可能会觉得“创造”本身都不大重要，因为他们身边的资源太多了。现在做音乐的软件，采用的不是作曲概念，而是搭积木式的、组合式的概念。

对于我们这批人而言，当年最大的问题是资源匮乏，但对新生代的创作者而言，他们最大的难题是选择：如何在有限的时长里选择自己更舒服的生活状态。**这批年轻人的“创作”都没什么道理，可能更多时候是在取悦自己，**他们不在乎音乐的根源从哪儿来，可能这半年喜欢听这个，就做这个了。对于他们而言，自我感受是最重要的。假如你看过玛莉羊羊的线下表演，会发现她的状态像是自己在给自己放音乐、蹦迪。而且，现在新一批音乐人写自我介绍的时候，他们的描述可能和音乐没太大关系，更多是在描述本人的个性。比如，在下是谁谁谁、从小怎么成长起来、“从小没人喜欢我”等。

此外，去年夏天中国的 ChillWave / CityPop 崛起了。比如，太合签下的橘子海，还有“白猫洗衣店”旗下的 Summer Vapour，他们的音乐听上去很 chill（放松），暑热，太阳镜，Aloha Shirt（夏威夷衫），人字拖，大海边，冰镇的软饮，无所事事。草东没有派对[3]那种总是咬牙切齿的紧绷范儿，大体上已经翻篇儿了，现在流行的落日飞车听着也特别 chill。这种 chill 其实挺虚无的，这类音乐的兴起某种程度上还是源于……空虚吧，这种空虚不是我们理解的无所事事，更像无所适从，或许是可选择的选项太多造成的焦虑，索性什么都不想了，在音乐里放空，让自己放松。

10 趋势联合观察者访谈

（快手）

青年志：我们观察到快手上的电商生态非常活跃，想请你们谈一谈，快手是如何做到这一点的？

快手研究院：快手很多功能都是基于用户自然生长的需求推出的。电商也是这样，在快手官方正式做电商业务之前，就已经有很多用户自发地交易，据统计，“怎么买、怎么卖”这类与交易需求相关的评论每天超过 190 万条。

快手上商业的核心逻辑是“信任”。**这种“信任”指的是基于人对人的熟悉产生的信任。**现在，人们可以快速通过主播的短视频来了解对方的过往，还可以经常通过直播与之互动，主播对他们来说就像家附近的人，“可能关注三个月，就像认识了几年”。

因为有了持续和高频的互动，整个快手形成了真实的社区氛围，同时也会让人们对主播产生很高的信任感：会觉得主播是自己的朋友，不会骗自己；假如真骗了的话，就要承担用户在评论、直播间给予的负面评价。直播也是快手重要的生态组成部分，是快手“真实”的原因之一。在短视频里，人们可以表演，但假如要长年累月的直播，仅仅靠人设是绷不住的。

人们通过原生的真实性对主播产生了“信任”。一方面，这种信任来自主播向人们展示了生产过程。比如，藏族姑娘迷藏卓玛住在大山里，她通过直播和短视频的形式，带着用户上山挖虫草、采蘑菇，展示野生松茸的生长过程，这相当于把生产过程拍摄下来，再加上她持续不断地产出这类视频，人们在“眼见为实”的过程中积累了对她的信任。**另一方面，主播还会通过直播间和评论维持信任来源。**比如“罗拉快跑”，这个主播最开始做瓷砖生意，某一天偶然拍了一个长在树上未被采摘的猕猴桃，引来不少人询问怎么购买，并且真的把猕猴桃卖了出去。在这之后，他嗅到商机，转行成为“水果商人”，到全国各地找优质水果，并在直播间里展示水果，解答疑问。假如有人觉得产品有问题，就会到评论里刷差评，如此一来之前建立的信任会受到很大冲击。因此，他会用心找产品，做售后，维护这份“信任”。

快手电商的活跃，本质上是对传统零售和电商的“人、货、场”的重构。以前，“人”指的是消费者，“货”指的是具体售卖的货品，“场”指的是售卖场所。随着互联网对零售业造成的影响加大，“人、货、场”发生了很大的改变，快手电商所代表的短视频电商，则最大程度体现了这种全新的“人、货、场”关系。

在快手上，很多商品天然更适合用短视频或者直播的方式来展示，比如各种好吃的土特产，用户看见鲜活的果子从长在树上到摘下来，再到放在盘里，直至最终在锅里面做成成品的过程，全方面的场景展示会极大地激发他们的购买欲望。这种基于内容进而产生交易的模式，被称为“内容电商”，快手上总计 200 亿库存短视频，恰好成为“内容电商”的肥厚土壤。

更重要的是，在传统零售和电商的消费过程中，消费者往往直接奔着“货”去，通过搜索达成购买行为。而在快手电商中，“人”不仅是单纯基于买卖关系的消费者，更是会基于社交关系而产生有长期黏性的“用户”，卖家也从单纯的销售员，变成具有丰满形象的带货达人。

青年志：在实际的工作层面，快手是如何践行“平等与普惠”理念的？

快手研究院：具体而言，在视频推荐方面，每个视频都有机会被看见。举个例子，一个快手视频在上热门之前会经历以下过程：我们先把视频推给大约几百个人，如果这个视频的播放量、评论量、点赞量等数据反馈比较好，则会被推荐给更多用户，假如这个视频持续有好的反馈就有可能上热门。另外，我们也不会对单个视频予以无限制的推荐，以避免注意力都被热门视频占据，**大大降低其他视频被看到的机会**。这就是说，假如单个视频播放量达到 100 万，我们可能不会再给它更多推广的资源了。另外，我们也希望避免注意力资源过度集中在一些头部账号上，所以粉丝量特别高的账号发布的视频，上热门的机会可能会更小，但与此相对的，粉丝们可以在关注页面看到他们，他们拥有很多“私域流量”。我们希望通过这种机制让更多人的视频被看见。

快手创始人兼 CEO 宿华曾表示，注意力资源是互联网的核心资源，我们希望它不像聚光灯一样只给到少数人身上，而是**尽量让更多的人得到注意力**，他在《被看见的力量》序言中这样写道：我给快手团队提出一个使命，就是提升每个人独特的幸福感。为什么要说“独特的”，我认为每个人的幸福感来源是有差别的，他们的痛点不一样，情感缺失的原因不一样，有的人因为孤独，有的人因为贫困，有的人渴望得到理解。那么快手怎么去做到这一点呢？

幸福感最底层的逻辑是资源的分配。社会分配资源的时候容易出现“马太效应”，即头部人很少，但得到的资源很多；尾部很长，但得到的资源非常少。就像《圣经》说的：凡有的，还要加倍给他，叫他多余；没有的，连他所有的也要夺过来。《老子》也说：天之道，损有余而补不足；人之道，则不然，损不足以奉有余。

快手要做的就是公允，在资源匹配上尽量把尾巴往上抬一抬，把头部往下压一压，让分配稍微平均一些。这样做是有代价的，总体效率会下降，这也是考验技术能力和执行能力的时候，如何让效率不下降，或者说下降得少一点。

当我们做资源分配的时候，尽量要保持自由，本质上是说，在契约、规则确定的情况下，尽量少改，别让人干预资源分配，尽量有一个大家都能够理解的、公平的规则或契约，如果觉得有问题也是先讨论再修改，而不是直接进去做各种干预。我觉得幸福感的来源核心在于，我们在做资源分配的时候，在资源平等和效率之间，在效率和损失可以接受的情况下，自由和平等这两者可以往前排一排。

本章名词解释

[1] MCN 是 Multi-Channel Network 的缩写，是一种多频道网络的产品形态。

[2] Cult 文化是一种文化现象，一般指一种怪异的品位，只有少数偏锋的圈子会喜欢，而且还会深深着迷追随。

[3] 草东没有派对中国台湾的一个小众摇滚乐团。

附录

年轻个体的梦想、行动与反思：黄油青年十年记录

十年前，国际金融危机的余波还未过去。对于那时国内的年轻人而言，世界充满着不确定性。当时，在北京安定门内柴棒胡同 23 号的四合院里，几个在青年志工作的研究员和他们的朋友聚在一起，在北京萧瑟的冬日里热烈地聊起自己的梦想、行动和反思。于是，第一期黄油青年会议就这么诞生了。

“Butter can spread, butter can fly. 黄油一起抹，梦想一起飞。”这句在今天听起来可能有些“中二”的口号是黄油青年会议名称的来源，也是“青年志”作为发起者的初心。

在当时成立不到两年的青年志眼中，黄油青年会议是一个年轻人可以自由发声、交流和互相激发的平台。在这里，年轻人能以自己的方式谈论和思考梦想，了解生活中的各种可能性，并启发和鼓励更多小伙伴独立思考、追求梦想。

“我觉得，我们现在生活在一个不太确定的年代。**但是我们会相信，越是在不确定的年代里，梦想就会越有价值**。所以我们相信，应该有一个比较开放的空间，让很多我们碰到过的、没有碰到过的年轻朋友可以在一起，以一种我们觉得是相对严肃的方式，来分享他们的梦想和生活中的困惑。

然后我们希望这种会议的方式，能让更多的人聚集在一起，会议拍摄的视频可以传播开去，让更多的年轻人可以相互鼓励。我觉得这是一个正向的东西，这是一种信仰。在这样一个不确定的年代里，你是否相信，只要你去做，生活就有很多的可能性，而不是你平时看到的一种单一的价值观——这就是我们所相信的东西，这也是为什么会有黄油青年会议。”

——By 2010 年的 Zafka

十年之间，时代的节奏与社会的变迁之快仿佛把我们带到了一列失控的火车上，也不知它会驶向何方。流动性与全球化已经成为大课题的今天，互联网让我们更便捷地联系到一起。我们也越来越依赖于电脑作为理解世界的媒介，从而开始变得摇摆不定。我们从虚拟的社交网络走到真实的线下聚会，科技的进步又把我们带回了有着无限接近真实体验的虚拟现实。我们时而在卑微的无力感之中颤颤巍巍地前行，也时而会为了梦想而拼尽全力。

但还有一些东西，是不曾改变的。在那些举棋不定的时刻，我们持续地在自我探索以更好地了解这个不断变化的世界；我们保持关注自己与他人、环境的关系，并不断地提出新的解决方案；我们在不确定性之中努力地维系好生活，从而可以选择面对和继续前行。在焦虑成为时代精神的情形之下，年轻人自带着解构的精神。对于社会或消极、或积极的抵抗，不是强力地推翻，是一种执意地挑战。

于是，我们将发现、鼓励、支持新的创造和分享者作为最重要的准则。对于黄油青年会议，这个标准至今未变。它的生命力总是令人惊叹，因为不断有年轻而杰出的灵魂加入，我们认定它还会长久、富有韧性地存在下去。

在表达变得愈发单一、受限的形势下，我们真心感谢那些富有才华与热情、保持勇气与真诚的分享者。青年志的趋势追踪与研究也一直与这样的青年网络联结密不可分，我们将持续地观察、交流与分享。

于是，我们期待带你走进黄油青年会议的十周年考古，以倒序的方式再次拉开帷幕，怀念过去十年之中年轻人经历的热望与梦想。我们也将与你共同看见，在商业语境之外，年轻人和组织从不同视角呈现的最原生的、真实的青年观察、行动和反思。让我们在庆祝野生的青年文化的同时，也启发和鼓励更多年轻人与组织思考并行动。

2019 年

青年日 2019 超级黄油青年会议

2019 年 12 月 14—15 日 @ 上海

2019 年，让我们进一步聚焦到“个体与组织的创造逻辑与实践过程”议题里。这样的局面下，年轻人的“游牧”，也开始从主动面对广阔的外部新世界，不断改变自己积极适应寻找新的可能性，转化为对自我审视，对世界重新审视，反思和修正安身立命之道。他们的向往也不再是依据外部变卦，改变自己，而是期待自己能有欲望求“真”的感知力，资源求“活”的创造力，并进一步通过“超感重码”的行动准则，创造新的可能性。

随易 | 酒精厂牌“二手酒馆”主理人：《模糊即性感》：“对买酒的年轻人而言，我们是什么？我们的线下属性，决定了他能喝酒、能找工作、能认识陌生人，甚至能认识异性；能拔草酒吧、了解更多的酒吧文化，帮助他产生新认知，产生共鸣……我希望我的活动要性感，光有趣不行，得要有用。**而且我希望，能够为年轻人提供勇气、共情和慰藉。**”

雷磊 |“真实故事计划”创始人：《从 40 万个故事里，窥见年轻人的精神流动》：“我们会看到当代迷信正在年轻人的群体中蔓延，因为我们面对一个巨大的不确定性，我们希望在这样一个不确定过程中能够抓住一些什么——**我是否可以在这样一个不确定的环境当中稳住自己？**此外，虽然年轻人有对于风险的认识，你会发现他没有解决自己面临风险的能力或者是认知的资源，他只能依靠于城市巫术填补自己精神世界的空白。”

陈星如 | 中国初代网络现象级风格偶像、新生代造型师，多栖潮流创意人：《LoFi：旧时光里的新浪潮》：“年轻人就是去表达自己，不会想用形式感的表达；他们可能喜欢更粗暴、更直接的东西。从亚文化的音乐场景当中，我们得到了这些灵感。所以 LoFi 建立在年轻人对于形式主义的一种**‘不能说反抗’基础上，更多的是说，他们有了一种新的选择。**”

Echo | 食物创新机构“开 FUN”创始人、亚朵生活方式酒店 ZHotel 社群官：《用食物社群点燃全国年轻创造力》：“我们相信**年轻人的创造力是可以互相感染的。**这么多的城市的城市发起人在做同样一件事情的时候，（他将）不再感到孤独……并且（作为一分子）让这个社群不断生长，自然生发，产生‘爆米花反应’的驱动力。”

Vivian |“我要 WhatYouNeed”联合创始人、“IN. 在场”发起人：《每一次创造的发生，我们都要在场》

林大海 Linda-High |“息息相关”主理人、“一起开工（YITOPIA）”合伙人：《故事，共创，和我们的生活》

色阿 |“莓辣性教育”创始人：《平常谈性，自由去爱》

Supa 伦嘉渝 | “好瓶 HowBottle” COO（首席运营官）:《好好做人，好好消费》

尔尼 | 航海的创意人:《我是世界的水手》

李洋 | 上汽通用汽车泛亚汽车技术中心外饰主设计师:《怎么设计一台专属于年轻人的车》

慧玲 | 中非友好民间使者:《我的非洲长成记如何治愈中产焦虑》

思远 | “一起即兴 / Easy Improv” 合伙人:《活出即兴的自己》

高大心 | “夜游巴士” 联合创始人:《城市青年游击战生存法则》

Cami 木头蝎 | 自由职业视觉设计师:《自由职业有什么自由？》

岑砚安 | 新世代 “00 后”、有知系列 IP 创始人:《我 “00 后”，为什么要去做 10 年后的事儿？》

“青年日 2019:// 超感重码” 超级黄油青年会议分享现场 © 青年志

青年场 x Seesaw 黄油老虎会 Why I Love My City

2019 年 8—10 月 @ 北京、上海、深圳、苏州

我们发现，越来越多年轻人都有过或正经历着 “异乡人” 的身份。他们要么是本地的异乡人，要么是有异乡生活经验的本地人。有时候是城市的地缘气质，让异乡人，没有身在异乡的感觉；有时候是人本身，注重与在地城市的联结和互动，让自己的思想和行动成为城市文化的一部分。

我们希望探讨年轻人与城市的关系和互动方式：城市如何影响了年轻人、年轻人们又如何在这个时代下寻找城市认同和归属感。“Why I Love My City” 便是我们对城市基因与文化回应的方式，爱一座城，也是我们试图寻找与世界的关系，找到我们自己的位置。

黄油老虎会活动海报 © 青年志

青年场 x 有趣人类大会

2019 年 10 月 26 日 @ 成都

当我们还年轻的时候，可能性有多大，这个世界有多少有趣的事情值得我们去发现和探索？有趣人类不重复单调、一眼望到底的生活，期待用自己的创造，打破无趣人生。

葡萄 | 美术老师：“每一次自由绘画都是灵感创作的出口。在插画艺术创作时和创作过程中，自己的感受是最重要的，可以让自己对于生活、感受、心情做任何的创作，不需要取悦任何人，不需要任何条条框框去束缚自己的绘画，自己可以完全沉浸在绘画的状态里。”

青年场 x 有趣人类大会分享现场 © 青年志

青年场 居住大作战

关于租房，我们探访了数十位的年轻人，他们很多是像你我一样在一个陌生的大城市里，都需要用“租”这样的手段给自己找一个空间，安放工作状态外的自己。但是我们也在其中发现了不一样的人：租房同样是这些人的选择，但是他们好像有神奇能力，把“租”来的房子，和“租”来的生活区分开来。他们中有人擅长与空间对话，有人擅长和空间内的人相处，有人习惯了把空间中的劣势转化为优势。

雪姨 | 广告人 / 酒鬼调酒师《拯救群居孤独指南》：“选择大城市生活≠选择一起孤独的生活状态。”

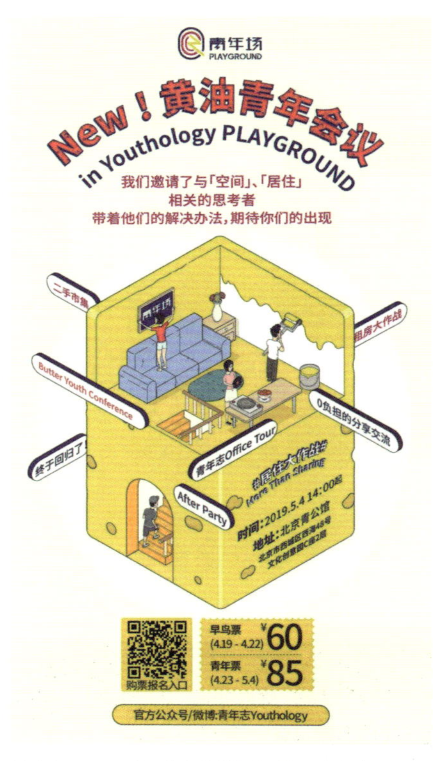

黄油青年会议“居住大作战”海报 © 青年志

2018 年

青年日 2018 游牧大会

在青年日 2018 游牧大会上，我们复刻黄油青年会议，与年轻人共谈他们的梦想、行动与反思：关于自我与亲密关系，心理占星咨询师、科学迷信的真实获利者、青年志在线满血研究员分享了他们的故事；我们更与可口可乐中国联合发布了《中国青年“在乎力”报告》，现场超 40 位年轻的游牧者与我们一起在乎年轻人“真正在乎的事儿”，我们更与青年日 2018 大会现场近千位年轻个体一起共感“在乎力”所带来的、给年轻人的“在乎”新行动法则！

信不信由你

在日常生活中，你通过什么方式来向内探索、寻找和反思自我？自我理解的方式千千万，寻求与这个时代、这个社会、与他人甚至于与自己共处的方式数不清。有人拜，有人转，有人求……相信都有理由。

年轻人真正在乎的事儿

年轻人真的“佛系”了吗？什么都不在乎了吗？可口可乐中国联合青年志将发起“年轻人真正在乎的事儿”话题，邀请各有在乎、自主行动、勇敢坚持的年轻人分享他们的故事。

爱哟好难

世界那么大，我要用什么方式与你相遇？ ONLINE DATING（线上约会）如何？你和我怎么爱？亲密关系课堂没有差班生，只有不求上进的懒虫。故事里永远只有王子和公主的幸福美满生活，但现实生活就如此单一吗？每一个人都有自己的情感故事，我们一起来聊聊吧。这里没有偏见，有的是成长。

“青年日 2018:// 游牧大会”黄油青年会议分享现场
© 青年志

2017 年

第五十九期　父母关系的另一面（春节场）

2017 年 1 月 27 日 @ 北京

每年春节，都会集中出现“与父母相处”教育帖。不是语重心长地讲孝顺与陪伴，就是诙谐地教如何逃避与父母的对话以及隐藏文身与抽烟。当然最普遍的场景，是你看春晚、我刷手机，同一空间，不同时空，相安无事。

雷磊 | 独立动画导演:“这个社会变得太快了，我们和父母之间有一道无法逾越的鸿沟。当今的社会年轻人更有话语权，口味更受到社会的青睐，所以父母们更需要去迎合我们吗？这个其实对于他们很不公平，使得我们失去了文化认同感。所以，我想把我见到的东西分享给父母的同时，能不能去了解他们的故事。”

第五十九期黄油青年会议现场 © 青年志

2016 年

第五十八期　像单身一样恋爱

2016 年 8 月 27 日 @ 北京

我们发现越来越多的年轻人开始讨论关于亲密关系、女性主义的话题。于是，我们期待从文化研究、心理学、前沿个人实践、身体四个不同的角度和大家分享女性意识的觉醒以及女性对与亲密关系需求的变化。

禾木 | 青年志人类学研究员《自恋时代的恋爱》:“个体化的社会中，大家都非常关注自己，而亲密关系和个体化其实是有矛盾的，因为它不止关系到你，也关系到你和伴侣之间的公共领域，关系到你和他人更深度的联系，所以怎么处理在自恋时代中的亲密关系，也就变得更为重要。”

第五十八期黄油青年会议海报 © 青年志

第五十七期　每个人都是“造物者”

2016 年 7 月 16 日 @ 北京

我们生活在一个更容易创造也更易被激发创造的时代。互联网资讯的发达，分享经济的流行，不同兴趣社群的蓬勃，让更多年轻人，通过创造实现各种奇妙的想法。年轻人通过形状不一、五颜六色的创造，获得自己定义的安全感，表达独特的自我，联结甚至改变这个社会。我们把这些年轻人，称之为“造物者”。

王子一 | 野建筑创始人:“如果你是个实干家，你在为这个世界创造各种物质；如果你是个空想家，你在为这个世界创造各种乌托邦；它们共同构成一个完整的世界，每个人都是造物者。”

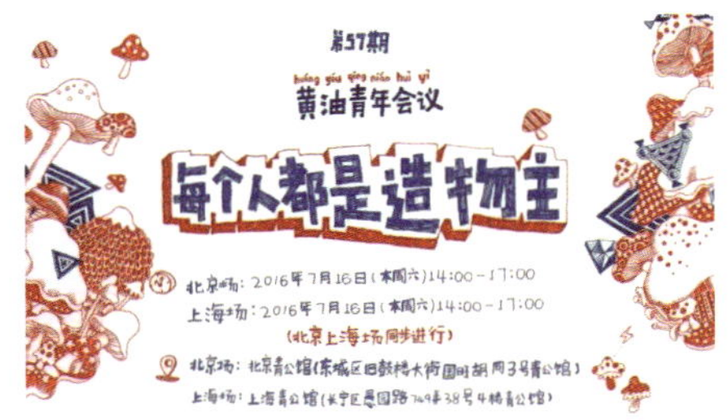

第五十七期黄油青年会议海报 © 青年志

2015 年

第五十六期 “懂吃达吃”大起底

2015 年 10 月 24 日 @ 上海

好好吃，应该是每个人最朴素的愿望了。在青年志最近一个关于年轻人早餐生活方式的项目中，我们发现有一部分年轻人将好好吃上升到了另一个境界。他们将美食视为了个人符号、生活方式实践、社交手段，甚至是艺术创作。

第五十六期黄油青年会议海报 © 青年志

第五十五期　让我们玩在一起

2015 年 6 月 6 日 @ 上海

年轻人的生活已经不再拘泥于 8 小时以内的“两点一线”，而是希望通过尝试不同的生活方式去拓展生活的宽度。我们这些天生的群体性动物，在流动性与全球化已经成为大课题的今天，互联网让我们更便捷地联系到一起。我们从虚拟的社交网络走到真实的线下聚会，和屏幕另一端志趣相投的小伙伴玩在一起。我们在其中尝试提炼与重塑自己在群体中的个体身份，共同构建一个更加正能量的小世界，并为了每一个源于身体的、灵感的创造而欣喜。

第五十五期黄油青年会议海报 © 青年志

第五十四期　我的专属“小奢侈”

2015 年 4 月 19 日 @ 北京

对于今天的年轻人来说，奢侈的定义可能不单局限于那些奢侈大牌、高端定制，而是更加多元化和细分化。生活中的小奢侈，可能是某种品类的恋物癖，可能是执着于某一个生活的小细节。也许你并没有那么多钱，但你愿意集中把钱花在某个品类、某个爱好、某个细节上，虽然在别人看来匪夷所思，但这种花销会迅猛地提升你的生活幸福指数。

李厚辰：“我希望每一个帐篷都能真的在高山上扎营，每个 GPS 都能记录一点点攀升的海拔，每个炉火都能骄傲地在高海拔地区燃起温暖的火苗，希望这些物品成为人与人之间连接的媒介，拓宽人们城市生活的视野。”

第五十四期黄油青年会议海报 © 青年志

第五十三期　A Better Earth

2015 年 10 月 24 日 @ 上海

公益人、社会创新者在持续地转化思维与视角，采取更多元、更有趣的方式去碰触社会大众的内心。他们同时期待自己的行动能够潜移默化地影响年轻人，激发大众的环境保护与公益事业的参与意识。**他们更加注重一个想法的落地与实施，不断寻找社会资源合作共创；他们理想中的行动不是“从 0 到 1”，而是“从 0 到无穷大”的传递。**

安猪｜一公斤盒子发起人《用产品思维做社会创新》：“真正的学习是应该回归到生活中，让孩子们去发现问题、解决问题，这是盒子的思路。随着盒子里的内容不断升级，一公斤盒子将产品设计作为重中之重，也实现了从传统的乡村教育公益团队到教育创新的社会企业转型。”

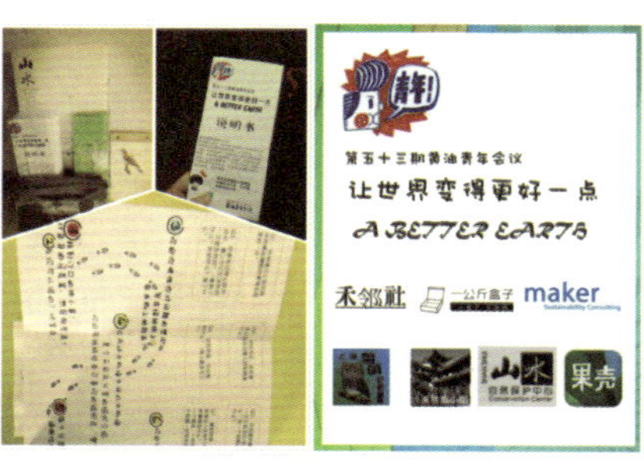

第五十三期黄油青年会议海报 © 青年志

第五十二期　论“95 后”的正确打开方式

2015 年 2 月 1 日 @ 上海

第五十二期黄油青年会议邀请到了 7 位“95 后”的年轻人，围绕“我的文化消费”这一话题进行交流。**我们惊喜地发现，因为个人的文化消费，年轻人能找到志同道合的小伙伴，也能不断增强洞察外界，并与之交流的能力。他们在不断消费的过程中早早开始了自己的文化创造，更有一些人因为热爱，将兴趣接轨职业。**面对外界的好奇与质疑，7 位“95 后”用他们的作品回应，诉说着自己的信念与坚持。

第五十二期黄油青年会议海报 © 青年志

2014 年

第五十一期　熊孩子的进化史

2014 年 12 月 28 日 @ 北京

2014 年的最后一期黄油青年会议，我们请来了“95 后”们。正在北大附中念高三的他们，自称自己是一群已经完成进化的熊孩子。我们每个人都曾经是熊孩子。然而，在不同时代背景中成长的我们，在同样的人生阶段，面对和思考的问题是否仍然相似？影响成长的因素，是否不尽相同？对自我的关注，有多大程度上的区别？

第五十一期黄油青年会议海报 © 青年志

第五十期　运动的这些，那些事儿

2014 年 11 月 15 日 @ 上海

"运动与健身"不仅是一种身体的运动，更是一场心灵和精神的修行。年轻人为了寻找属于自己的"运动与健身"方式，不断尝试，不断挑战，不断坚持。在这些新型的运动形态中，我们有了更深刻的思考和洞察：这些新的健身形式与传统运动有哪些区别？并且衍生出了哪些社群文化？年轻人是如何定义身体的吸引力的？怎样才能拥有健康和性感的身体？

第五十期黄油青年会议海报 © 青年志

第四十九期　出行背后的意义

2014 年 10 月 26 日 @ 北京

出行是我们每个人每一天都需要做的事情。在出行问题上，我们这一代不停探索的年轻人，也在寻找各自的个性化解决方案。围绕各自的兴趣爱好，或熟悉的领域，选择不同的出行方式和工具。出行已经不单单是一个日常行为，其背后的意义也延伸到了环保、科技、社会创新、兴趣爱好以及对自我和生活的探索等更深的层面。

第四十九期黄油青年会议海报 © 青年志

第四十八期　外貌协会怎么啦

2014 年 9 月 27 日 @ 北京

今天年轻人都怎么定义“外貌协会”？他们希望追求什么样的外在美？本期黄油青年会议，我们邀请到了 6 位外貌协会“终身会员”，从美妆到摄影，从健身到搭配，从脏辫到文身，来分享他们如何理解外在美、如何追求外在美，以及外在美之于他们个体生活的意义。

Amanda |“美丽变形记”创始人：“‘外貌协会会员’并没有什么不好，人只有更爱自己，让自己变得更美、变得更好，才能更好地爱他人。”

第四十八期黄油青年会议海报 © 青年志

第四十七期　年轻人社交的一百种可能

2014 年 9 月 7 日 @ 上海

我们到底为了什么而社交？我们都在哪儿社交？我们的社交方式究竟发生了哪些变化？这些变化究竟是令人兴奋的进步还是不动声色的灾难？

胡侃欣“饭饭”| 家庭食堂创办者：“社交对任何年龄层的人来说都是一种通过了解他人来发现自我的一个途径与可能性。越是跨越不同文化背景年龄，越是有更多元的可能性。”

第四十七期黄油青年会议海报 © 青年志

第四十六期　今天我们怎么学

2014 年 8 月 31 日 @ 北京

教育到底是谁的责任？是社会的责任、是学校的责任、是家庭的责任，也是我们自己的责任。在这个快速变化的时代，我们能够更容易接触到各种资源、各种选择，有的年轻人更早地、更主动地开始学习，也有的年轻人迷茫于不知如何选择。今天，我们到底为什么而学？我们学习的方式发生了什么变化？

吴霞 | 一初教育联合创始人："我们都需要学会如何自我教育。"

庄秀丽 | 教育大发现社区联合创始人："今天年轻人有很多不同活跃的圈子和层次，其差异并不完全取决于外部环境，而在于内心力量的大小。因此，我认为年轻人最需要的教育，是帮助自己看到自己力量的教育。"

第四十六期黄油青年会议海报 © 青年志

第四十四期　啤酒专场

2014 年 6 月 29 日 @ 上海

当啤酒不再仅仅被分为淡啤和黑啤，当我们不仅仅满足于喝啤酒，而是更多去消费啤酒文化时，啤酒对于年轻人来说意味着什么？是文明，是梦想，还是拯救世界的终极神器？

有一群啤酒爱好者，他们不仅仅是酒客，更投身于啤酒酿造的行业中；他们以推广啤酒文化为己任，以酒会友朋友遍天下。

第四十四期黄油青年会议海报 © 青年志

第四十三期　游戏人生

2014 年 5 月 25 日 @ 上海

关于游戏的讨论从来没有停止，人们对它情感复杂，它让人快乐，但是虚拟世界中的快乐真实吗？它让人得到成就感，但是这样的成就感影响现实吗？游戏只是娱乐吗？除此之外还有什么呢？游戏是如何影响人的？游戏的魅力到底是什么？

第四十三期黄油青年会议海报 © 青年志

第四十二期　让科技回归生活

2014 年 4 月 26 日 @ 北京

越来越多先进智能的科技进入我们的生活。在享受科技让生活变得越来越便利、越来越丰富的同时，也有越来越多的人开始在反思自己与科技之间的关系。科技让自己变得越来越懒、科技让人变得越来越疏远、科技绑架了生活……到底，我们应该如何处理与科技之间的关系？让科技回归生活，是一些年轻人的答案。

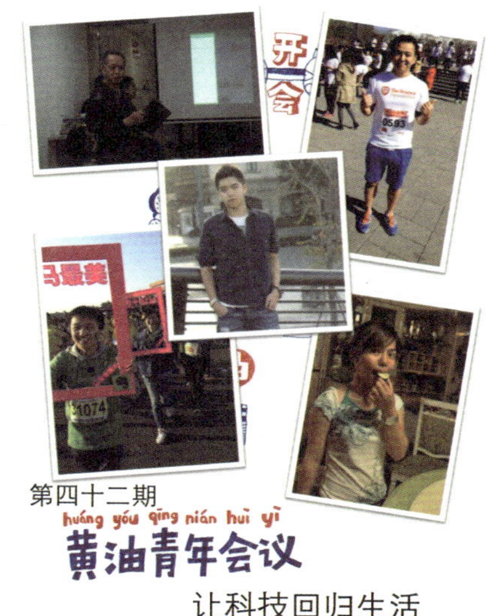

第四十二期黄油青年会议海报 © 青年志

第四十一期　黄油青年会议 X JUCCCE “共创理想空间”

2014 年 3 月 22 日 @ 北京

今天的城市人口密度越来越大，人们却感觉到越来越孤独。很多人到大城市是为了探寻有趣的事，遇见有趣的人以及追求更有意义的生活。但大城市是否能真的支持以人为本的生活和社区？适合人类居住的城市到底应该是什么样子的？我们可以怎么改变我们周围的空间，进而去创造一个更爱她的居民的城市？

本期黄油，我们与关注城市可持续发展的非营利组织聚思（JUCCCE）一起探讨如何塑造理想城市空间的故事，并从这些故事出发，尝试共同创造和绘制理想公共空间的蓝图。

第四十一期黄油青年会议海报 © 青年志

2013 年

第四十期　“年轻也要不惑”

2013 年 12 月 29 日 @ 北京

古人云，“四十不惑”。不惑，从了解自己开始。许多年轻人都尝试提出自己的问题，其中很多的问题都关于认识自我：自己是个什么样的人？自己为什么会有这样那样的情绪？如何管理自己的情绪？如何为自己的日常行动找到依据？年轻人正通过不同的领域，探索不同的做法，来认识自我。

乌实 |《心探索》电子杂志创办者：“每个人都是一颗种子，带着自己在这个世界上的使命，能在年富力强的时候了解自己生活的使命，是一种幸运。而如何能去了解自己的使命，在于不断的外在体验和内在探索。”

第四十期黄油青年会议海报 © 青年志

第三十八、三十九期　一个问题就是一次改变

2013 年 11 月 9 日 @ 上 海 ，2013 年 11 月 23 日 @ 北京

“90 后”群体被社会贴了太多的标签、形成各种刻板印象。我们的朋友沈博伦，发起了 +box，一个收集年轻人问题的项目。在我们看来，提出问题是非常重要的一件事，提问意味着质疑和反思，也是付诸实际行动做出改变的基础。不管是 80 后还是 90 后，我们正在分享同样的历史使命——去探索在快速变迁的中国，一个现代个体有哪些可能性？而这种可能性又将如何改变我们所处的社会？

第三十八期黄油青年会议分享现场 © 青年志

第三十七期　走！到更广阔的世界去！

2013 年 12 月 15 日 @ 上海

这期黄油青年会议，我们关注的是出境旅行。旅行在年轻人的生活中，已经成为一个文化符号，越来越多的年轻人去更远的地方，对不同的国度抱有不同的期望。出境旅行对于年轻人来说，意味着不一样的风景，不一样的文化，不一样的体验，也意味着和国内旅行不一样的挑战和障碍。

冯佳艺 | 游轮摄影师：“对我来说出境旅行并不只是护照本上多一个印章而已，是多一份难能可贵的经历。成为你想要成为的人，去经历一些在你的生活日程中很少能经历的事情。不要抱有任何功利的想法，你现在做的每一件事情对未来都是有帮助的。”

第三十七期黄油青年会议海报 © 青年志

第三十六期　青年空间大串联

2013 年 11 月 23 日 @ 北京

从一线城市到二线城市，青年空间正成为青年文化发展中的一股热潮。青年空间为年轻人提供多元的活动参与，各种分享、体验、结交志同道合的朋友的机会，成为年轻人探索自我、了解世界的一个重要地方。

曹雨腾 | @706 青年空间核心成员："好奇求知探索这个世界，了解你在人类历史和自然时空的位置，谦虚敬畏带着同理心在你热爱的领域创造乐趣和意义。"

第三十六期黄油青年会议海报 © 青年志

第三十五期　走进阿宅们的二次元生活

2013 年 8 月 17 日 @ 上海

大家已经很熟悉"宅"这个说法，宅着追星、宅着看动漫、宅着玩游戏。"宅进二次元"的人越来越多，现在二次元成为一个早已广为人知，但是依然充满神秘色彩的世界。无论是身处二次元还是三次元，我们经常会感到二次元和三次元之间是有墙的。你是否好奇过：他们为什么如此沉浸在这个看似虚幻的世界中呢？真的只是被大家广为传说的"宅基腐"吗？到底是什么使得他们如此着迷？

李艺如 | Coser："二次元把我从一个好孩子变成了宅腐双修的'好骚年'。"

第三十五期黄油青年会议海报 © 青年志

第三十四期 “流动中的爱情”分享会

2013 年 6 月 30 日 @ 北京

你的爱情经历过流动吗？在快速城市化的中国，“流动”和“迁徙”已经成为许多年轻人的常态。到外地求学、工作，人生的不同阶段，总要为诸多的去或留做出选择，而这些去与留常常左右着一段爱情的走向。在这样的社会情境下，年轻人对爱情的想象和需求正在发生什么样的变化？

王慧琪 | 婚礼策划人“流动的爱情”感言：“流动对爱情的影响有深有浅，有好有坏，真正重要的也许不是流动带来的改变，而是哪些未曾改变。”

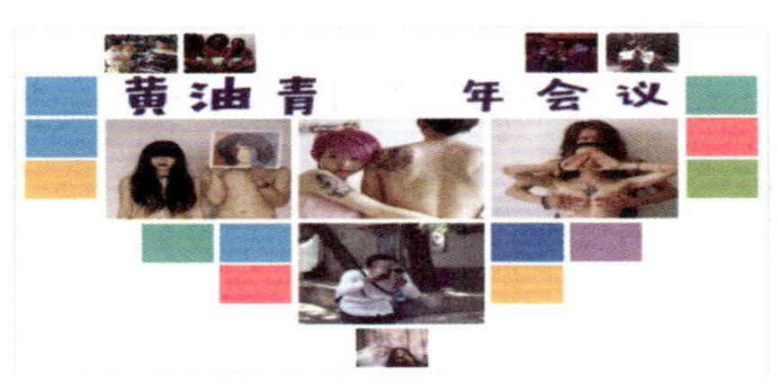

第三十四期黄油青年会议海报 © 青年志

第三十三期 “90 后”社会创新专场

2013 年 5 月 26 日 @ 上海

到底什么叫社会创新？用玩儿的方式做好传统乡村助学，排话剧告诉大家什么叫“社会性别”，培养残障人士咖啡师，去慈善商店上班，做好玩的项目……在与年轻人互动的过程中，“青年志”欣喜地发现，越来越多的“90 后”开始投身社会创新事物中来。他们秉持想要解决某种社会问题的初心，发挥各自的创意去行动、去实践，让更多的人以更有趣或更有效的方式，参与到了社会创新中来。

周彤 | 善淘网公益市场部经理《世上很多问题，本身就是答案》：“与其在生活中寻找我们要的东西，不如去感受生活中到底发生了什么。社会创新从共同苦恼开始。一开始你也许只是想解决一个共性苦恼，但通过行动，你激发了自身的创造潜能，也拓展了他人和自己选择的自由，甚至创新了整个社会。”

第三十三期黄油青年会议海报 © 青年志

第三十二期　创客专场

2013 年 5 月 26 日 @ 北京

越来越多的年轻人，从自己的兴趣和身边人的需求出发，动手将各种创意转变为现实。这背后的动力，也许是让自己的生活更有趣，也许是改善现状、带来改变的美好愿望。于是那些“动手去做，实现想法”的年轻人也被称为“创客”，用实际行动与创造带来真实改变。

宋典｜创客空间创客：“人生短暂，应该去做些自己喜欢的东西，想些更大胆的想法，做些更大的事儿。这样当你老了的时候，就不会只留下一张遗愿清单，和一帮老人一起回忆说：我当时要是那样做了就会怎么样 。”

第三十二期黄油青年会议海报 © 青年志

第三十一期　到底为了什么而工作？

2013 年 4 月 29 日 @ 北京

每一年毕业季，都会有一批年轻人面临工作的选择。而对于许多在职的年轻人来说，有了工作不代表不去考虑新的选择。我们为选择什么样的工作而感到迷茫困惑，为是否该放弃现有的工作而纠结苦恼。比起究竟从事什么样的工作，也许首先应该问问工作的意义。我们到底为了什么而工作？为了维持生活？为了换取自由？为了传播自己所相信的价值观？为了帮助和影响他人？不同的人有不同的答案。

葛达龙｜睦野画社创始人：“去为了你想要的生活而工作，远比你工作后能维持你的生活快乐。”

第三十一期黄油青年会议海报 © 青年志

第三十期　大学也折腾

2013 年 3 月 17 日 @ 西安

不少年轻人都对大学生活有着不同的期待，对他们来说，大学不再只是一个获取知识的地方，而逐渐开始在这段时间追逐热爱与梦想，或者折腾起来。黄油青年会议来到西安，和那些在大学里搞事儿的年轻人聊了聊大学对他们的意义。

杨科嵩 |《这里是西安》节目组长：“大学，是我们每一个人可以自由折腾的开端，我们会有自己的见解，自己的看法，我们做我们所想要做的，这一切为了梦想都值得折腾。”

第三十期黄油青年会议海报 © 青年志

第二十九期　还乡纪实

2013 年 2 月 3 日 @ 北京

对于很多年轻人来说，出生在一个地方，成长在一个地方，求学在一个地方，工作在一个地方，在逐渐融入新的城市、适应新的生活的同时，家乡的意义也在发生变化。还乡也许是回归家庭的温暖，也许是逃避现实的无奈，也许是面对不同价值观的冲突……每个人都有各自的还乡故事和他独特的感受。

任悦 |“还乡纪实”摄影项目发起人：“这个城市是你的故乡，四处都应该留有你的记忆，一些外人看不到的，正在消逝的历史，只有你才能看到，而且你拥有很多外地人不能接近的拍摄途径。”

第二十九期黄油青年会议海报 © 青年志

2012 年

第二十八期　黄油青年会议 x 马特焕新

2012 年 12 月 23 日 @ 上海

我们与新四年、CAPE、青年实验工场的朋友一起“马特焕新，抹黄油”。用 30 天尝试新鲜事物，动手实践构想已久的事情，在“黄油”上分享马特焕新的故事，将年终变成新的开始。

第二十八期黄油青年会议海报 © 青年志

第二十七期　社区联结

2012 年 11 月 24 日 @ 北京

越来越多的年轻人向往去旅行，在路上，认为探索在远方。那我们每天朝夕相处的日常生活呢？越来越多的年轻人通过互联网联结世界，那现实环境里我们居住的社区呢？越来越多的年轻人奔波于各种场合结交新的朋友，那身边那些每天遇见的熟悉的陌生人呢？我们希望能开展一些讨论，通过重新理解我们的生活，重新认识我们所生活的环境，建立我们与所在社区、与身边的人的联系。

第二十七期黄油青年会议海报 © 青年志

第二十六期　无聊的事真的无聊吗

2012 年 11 月 10 日 @ 上海

本期是上海青公馆第一次黄油青年会议，故事还要从一封神秘的邮件说起……

青公馆接到一位非典型理科男的来信，说要为“无聊”的数学正名。他跟我们分享“禅师的故事”，比如一张只有一面的纸，比如没有内部外部之分的瓶子……慢慢我们的确开始发现数学可以不是人们印象中这般枯燥，很多数学现象看似普通但又非常玄妙 。在他的启发下，我们发现科学大门之外，还有许多人也正在各自不同的领域反思固有的模式，尝试用新的视角唤醒人们的感知、适应世界的变化、明晰生活的意义。

第二十六期黄油青年会议海报 © 青年志

第二十五期　大学校园特别版之“折腾大学”

2012 年 10 月 27 日 @ 人大

本期是校园专场，走进中国人民大学，也向非人大学生开放，将围绕“大学生活”主题邀请有着不同经历的有趣青年分享他们的故事，也将邀请现场观众分享彼此的大学故事！

第二十五期黄油青年会议海报 © 青年志

第二十四期　北京国际设计周“设计之旅”

2012 年 9 月 29 日 @ 北京

当我们谈到设计，并不局限在产品设计，而是更广义的设计。在飞速发展的当代中国，每一个人都是一个设计者，设计自己的生活，设计共同生活的社会。于是，我们尝试从公益、艺术、生活、教育、城市、科技不同领域的充满才华的年轻人开始实践，以一个崭新的角度理解设计，以及他们的“设计”中体现的对公共日常生活的参与，对社会的观照，探寻设计的真正意义。

第二十四期黄油青年会议海报 © 青年志

第二十三期　我为吃狂

2012 年 8 月 26 日 @ 北京

走遍山川湖海，囿于厨房与爱。那些“吃狂”的日子，他们经历了怎样的味觉故事？美食的背后，是他们对生活怎么样的理解？第二十三期黄油青年会议美食专场，我们邀请不同的吃货吃狂美食达人分享他们的故事。让我们从美食开始，延伸至生活的方方面面。一起来谈美食，又不仅仅是美食。

第二十三期黄油青年会议海报 © 青年志

第二十二期　音乐专场

2012 年 7 月 29 日 @ 北京

阿希 | “音乐启发社区”计划发起人：“我希望能让音乐和诗歌成为像吃饭喝水一样自然而然的东西，也希望自己去发出不一样的声音，创造一种新的空气。”

何淼 | 糖蒜广播创始人：“2004 年我和搭档带着小时候的梦想办起了糖蒜广播。刚开始发展十分曲折：借工作室播音，冬天没有暖气工作，甚至在 2007 年因为互联网整改网站被关闭。但终于还是打入了 Podcast（播客）的首页！”

第二十二期黄油青年会议海报 © 青年志

第二十一期　无边界

2012 年 6 月 30 日 @ 北京

江舟忆 | “重述”项目发起人：“重述”中倾听他人、寻找共鸣、发现不同轨迹。

李一舟 | 工业设计师：中国设计师的生存现状与对设计行业的思考。

刘星汉 | “大叫控乐队”成员：从学校演出到迷笛舞台，到第一张乐队 CD，不断带着梦想前行。

何峰 | “点名时间”联合创始人：你应该有梦想，但不见得是你儿时的那个。

屠彬 | “84 亩地空间”运营官：为青年人提供行动平台，试图在实践中发现公共空间的多种可能性。

李婷 | 译言网主编：译言古登堡计划：打造无边界图书馆。

第二十一期黄油青年会议海报 © 青年志

第二十期　处在边缘的人与事

2012 年 5 月 13 日 @ 武汉

蝎子蓝蓝 | 独立纪录片《城市之光》编剧、独立创意媒体 pkwuhan 主编：《城市之光》。

小铁 | 武汉 RAINBOW 理事成员：《站在边缘如何让看到更广阔的世界》。

王征 |“一杯茶沙龙”联合发起人：一杯茶沙龙（Tea Talk）如何集合有趣的人激发思考。

张海林 | 城市公益文化活动狂热者：《成为全世界最有爱的邮递员》。

老胡班长 | 武汉 LOFT 青年旅舍创始人：《“读万卷书 行万里路”》。

第二十期黄油青年会议讲者合影 © 青年志

第十九期　青年如是闻 五一特别版

2012 年 4 月 29 日—5 月 1 日 @ 北京（不在青公馆）

黄油青年会议 x 玛克思 MMAX 大爬梯

4 月 29 日至 5 月 1 日的三天里，17 位热爱生活的梦想实践者分享精彩的故事与生活方式，这些源源不断的正能量让年轻人在寻找自己的旅程中更加坚定与温暖。聆听过去，续写未来。

潮流艺术专场

赵竹松、高源（Gary）| 玛克思潮哮艺术展联合策展人：《潮流与艺术》

高博 | 中国第一街舞品牌 KOD 的创始人：《Dance it's my life!》。

陈星如 | 知名时装造型师：《时尚品位可不是一天炼成的》。

ALEX 周首和肖南 |《空岛 kiDulty》网刊 创始人《希望每个人都能找到属于自己的单品》。

独立音乐专场

韩夏 | 独立音乐推广者、MV 导演：《如果你只有一万块钱，你能做一个 MV 吗?》。

李丝丝 | S.T.D. 主创之一：在时尚领域的理想与坚持。

健崔 | 跨界艺术尝试者：如何跨界创意。

王硕和储智勇 | 坏蛋调频：《这里有个很坏很好玩的独立电台》。

Nevin Domer | 兵马司唱片：黑胶厂牌拯救独立音乐梦。

旅行生活专场

三少 | 自助游达人：《把旅行变成生活，在生活中旅行》。

吴非原：《打工旅行：一年实现一个梦》。

任末末 | 背包客：《旅行应该是一种自我认识方式》。

Momo 毛译敏 | 资深沙发客：《旅行中能创造的无限可能》。

赵星 | 星光成长公益计划创始人：《旅行让我失去了什么？》。

第十九期黄油青年会议海报 © 青年志

第十八期　青公馆迁新址前最后一场！

2012 年 2 月 26 日 @ 北京青公馆

张恩勺 | 百马俱乐部发起人之一：《从一个人跑步，到一群人跑步》。

陈萌 | 很多人的咖啡馆创办者之一：《一家"很多人的咖啡馆"》。

米拉拉 |《文艺生活周刊》主编：《"杜拉拉"是如何摇身变成"米拉拉"》。

孟繁乐 | 音乐教师：《音乐如何改变孩子的生活》。

米糕 | 民谣餐吧"米店"老板：《"人生何处不相逢"》。

高山刚 | 日本纪实摄影师：他在日本出生，在美国学习和工作，他将会分享在中国两年的经历以及拍摄的项目。

第十八期黄油青年会议海报 © 青年志

第十七期 人人都是 speaker！

2012 年 1 月 8 日 @ 香港

第十七期黄油青年会议空降香港，创新于平时邀请 6 位年轻人分享故事的模式，本次活动最大特色为“人人都是 speaker（说话者）”。本次主题为“改变”，诸位将分享在过去一年中发生在自己身上的“改变”，认识新朋友，立下新计划。

第十七期黄油青年会议海报 © 青年志

2011 年

第十六期 黄油工坊

2011 年 11 月 27 日 @ 北京

车路 | 少年保持计划发起者之一：《保持好奇心、新鲜感以及多种可能性》。

Jay | 创意制作：《“自学成才”》。

张驰 |“不持有的生活之道”豆瓣小组创办者：《如果过不持有的生活》。

张启斌 | 大学社区建设实践者：《践行自己的美好生活方式》。

张一芃 | 宾致葡萄酒俱乐部创办者：葡萄酒文化的梦想与实践。

高磊 | imlab 创办者：《中国五十日考察故事》。

第十五期 行动中的青年

2011 年 9 月 4 日 @ 北京

本期黄油青年会议，是 789 艺文节的组成部分之一。在越不确定的年代，年轻人的反思与行动就越有价值。

江琰 | 间隔年实践者：《踩出一个世界》。

梅艺潇 | TEDxBLCU 创办者：《如何改变本地社区的思想交流环境》。

贠嘉 | 嘉愿大学生公益平台发起人之一:《一个资讯平台，让大学生志愿者受益》。

侯卖卖 | 动漫纪录片导演

吴彤 | “桑巴亚北京”成员:《不“桑巴”的三流鼓手在桑巴亚鼓队》。

任海保 | 城市帐篷生活实践者:《寻求“家”的意义》。

第十五期黄油青年会议海报 © 青年志

第十四期　从自我反思到社会影响

2011 年 7 月 17 日 @ 上海 TBWA

史钊垒 | 复旦《浪潮》杂志创始人:提倡大学生独立思考，对时代和自身进行反思。

吴恒 | 公益活动发起人：提倡公民承担社会责任，为社会带来改变。

陈露 | 全球青年实践网络 CAPE 发起人：一个乡村孩子自我成长的反思及其探索世界的梦想和实践。

毛欢 | Mail Attack 活动发起人：以收集作品和故事的形式，推广创意交流方式。

刘少楠 | “摆摆书架”创办者：基于互联网建立社会化图书馆，让更多人参与传播好书。

官纯 | 插画家：用不同的艺术形式记录日常生活，探寻日常生活的意义。

第十四期黄油青年会议海报 © 青年志

第十三期　趁年轻

2011 年 5 月 29 日 @ 北京

张尧 | 街舞少年：14 岁因为热爱街舞，只身离开家乡，开始北漂成为一名街舞演员。

李月溪（大瓜）| 学生：讨论年轻人和环境的有趣关系。

李宏钊 | 学生：骑车远征，必须趁着年轻赶紧完成。

张雷 | 杂志编辑 / 音乐厂牌负责人：贩卖台湾唱片，失败的公益项目和气音乐厂牌，一下理想主义者的实干精神。

林琳 | 飞盘队队长：飞盘社群让自己变得更自信，看到另一个自己。

赵建平 | 蘭印婚礼服务创始人：做想做的事情并且带给别人快乐。

第十二期　“嘿 !!!” Open Party

2011 年 4 月 23 日 @ 北京

这一期黄油青年会议的故事围绕“嘿 !!!”的大家庭展开，有“嘿 !!!”的创作故事会，“嘿 !!!”的 MV 首发，以及“嘿 !!!”的现场演出。“嘿 !!!”是好朋友 MC J-fever 小老虎、音乐人星爷、独立动画艺术家雷磊的新组合，也是青年志基金资助的首个项目。他们联合推出了“嘿 !!!”的首张专辑《流行音乐》！

第十二期黄油青年会议海报 © 青年志

第十一期　着迷的爱好

2011 年 3 月 6 日 @ 北京

董百强 | 魔方极客：如何迷上魔方并成为了电视节目中的魔方达人。

小彻 | 小彻甜品店店主：开一家幸福甜品店所遇到的困难与快乐。

王天放 | Animetaste 成员：因为动画，意外爆发了业余生活。

杜青 | And I 宠物产品工作室主理人：宠物创业与宠物生而平等。

陆恒亮 | 业余魔术师：为什么如此着迷学习魔术。

王众 | 中国国际广播电台 HitFM DJ：闲聊 DJ，当播放作为一种职业。

第十一期黄油青年会议海报 © 青年志

第十期　一周年回顾

2011 年 1 月 8 日 @ 北京青公馆

黄油青年会议一周年回顾及 2010 大奖颁布：邀请了一直关注黄油青年会议的各位年轻朋友一起，回顾过去一年那些感动人心的故事，并且为那些给予我们温暖与启发的分享者们颁奖。

第十期黄油青年会议合影 © 青年志

2010 年

我们不是“演讲帝”，我们也不需要大道理，我们只是在坚持着自己的兴趣爱好、自己的梦想追求，尽管可能很多人认为这些爱好是可笑的、微小的，但是青公馆提供了一个开放的场地，让大家相对严肃地、自由地去讨论我们的梦想。在这个寒冷冬天，让我们聚在一起，在黄油青年会议中，分享、感受各自的故事吧。

第九期　心的归属

2010 年 11 月 21 日 @ 北京

吴悠 | CL 街球队队长：《追逐并超越别人不相信的梦想》。

贺京 | 说唱，独立品牌：《我选择去做我想干的事情，你呢？》。

刘芳 | “北京快闪”闪员：《快闪的闪光点》。

崔雪梅 | 豆瓣北京篮球小组成员：《篮球社群是我心的归属》。

董旭亮 | 生活管理 Geek：《我的明天，在今天的我手上》。

李昕 | 公益项目“中国儿童艺术团”发起人：《打造打工子弟儿童的艺术团》。

第九期黄油青年会议合影 © 青年志

第八期　青年志基金启动 +China Normal 展览

2010 年 9 月 4 日 @ 北京

本期活动是搜狐 789 艺文节的一部分。我们宣布了青年志基金的成立和发布计划，以及我们支持的第一个项目“嘿 !!!”组合成员亮相和交流。当天还有“我们是中国普通年轻人”的主题展览。让我们在这个夏天的尾巴，用力宣泄我们的激情，去体会与感受梦想，互相温暖！

第八期黄油青年会议分享现场 © 青年志

《我是普通年轻人 China Normal》展览

2010 年 9 月 6—30 日

“我是普通年轻人 (China Normal)”项目由青年志 (China Youthology) 团队完成。此项目历时两个月，访问 6 个中小城市。展览内容为项目过程中的纪实照片、视频及中小城市年轻人的作品。

“你有梦想吗？”

“当然了。每个人都有梦想。”

“你的梦想是什么？”

《我是普通年轻人 China Normal》展览现场
© 青年志

第七期黄油青年会议分享现场 © 青年志

第七期　走在路上

2010 年 8 月 15 日 @ 上海 TBWA

这是黄油青年会议第一次来到上海，希望能带给更多人温暖与鼓励。我们倾听有趣的故事，感受他们的坚持，去交流我们的梦想与激情。

冷澄 | 户外旅行社群《旅行也是治愈系》:“户外旅行对每个人来说都是治愈、改变、指点迷津的存在。”

大雷 | 纪实摄像《不甘寂寞的蚂蚁》:“当我们在默默爬行的时候，千万不要忘记看看自己的左右，我们的力量或许比自己想象的大很多。”

张雨辰 | 贫民窟志愿者:《从索取到付出》

丁卉 | 跑步社群:《丁卉和她跑步的那些事儿》。

方硕 | 乐队与杂志:《年轻人憨凶凶——轻松又愉快地追梦》。

胡寅聪:《在国有企业》。

第六期　挥霍的青春

2010 年 6 月 27 日 @ 北京

水壶 | 户外运动达人:《一屋一世界？ NO！》。

马捷 | CG 爱好者，自由职业:《青春，就是用来挥霍的》。

刘洋 | 摇滚乐，独立品牌：*Rock & Roll is not so bad*。

王冠 | 禁毒志愿者:《当文艺女青年遇上“禁毒”：人生的感动与恐惧》。

眼儿 | 动漫爱好者:《记录与释放——怕死星人的两大利器》。

陶泽 | 社会企业家《我确信这就是我要的幸福：我的公益人生》。

第五期　探索生命的热爱

2010 年 4 月 18 日 @ 北京

孙建夫:《ACG 圈子里的一只猴》。

Natalie:《那些傻乐的年轻人》。

陆玲:《我的公益之路》。

小狮:《青春》。

管牧 | kickerclub:《滑板彻底改变了我的生活》。

小老虎 | 音乐创作人:《虎虎虎》。

第五期黄油青年会议合影 © 青年志

第四期　那些日子与理想

2010 年 3 月 14 日 @ 北京青公馆

苗亦龙:《那些手拿针线的日子》。

陈广霖: *JOY*。

李聪:《那些，耳鬓厮磨的声音》。

杨雁清:《我走的不是扁带，是快乐》。

谭铮:《一路情深一路歌》。

徐毅斐: *Better Man Follows Heart*（有志老青年的新理想生活）。

第三期　不得不说的爱好与故事

2010 年 4 月 18 日 @ 北京青公馆

刘兆北:《我爱“爬”》。

骨灰:《我和滑板不得不说的故事》。

裴茶叶:《不疯魔，不成活》。

张隽:《圆明园“卍字房”内檐装修的解读与复原》。

小特:《爱星座是一种 life style》。

写在最后

请让我们铭记这样的 2020 年。

本书写作完成时，已经是 2019 年末。伴随 2020 年初新型冠状病毒肺炎疫情暴发，本书所描述的关键趋势正在不断加速发展，渐成主流。

此次疫情作为全球性重大公共事件，给中国和全球社会带来了前所未有的冲击，也必然对这一代人的观念与行为产生深远影响。一方面，我们见证了疫情如何加速宏观环境中围绕价值体系的分化与冲突。我们正在面临更多的撕裂、更多的规则重塑。这将是一场持久的丛林竞争。在这样的动荡之中，个体会进一步感受自身的弱小，境遇的风雨缥缈以及焦虑的不断加深。

另一方面，“逝去的不是数字，而是人。”大流行病的暴发与其所带来的社会危机语境，让更多个体主动或被动地思考生命价值与生活意义。这让年轻人加速反思自身欲望，也进一步盘整自身资源，寻找不同的生活可能，更为渴求在自我的生命中“闲逛”。疫情发生后，年轻人在消费、工作、学习和社交上的种种新观念和行为，商业创新的不断涌现，已经在加速本书所提到的“博物式生活”“极简社交”以及“重定自我刻度”的三大关键趋势。

具体来说，疫情之后，商业组织应该尤其注意什么，该做什么？我们想再次提醒两个根本点。

不只是敏锐，更需要深入。很多企业面对不确定，都更在意敏捷感知和快速行动。然而商业组织的应对不仅要及时，更需要基于系统和深入的理解。在不确定性中寻求机会，要求我们以关怀“人”的视角，时刻关注更广阔的社会和文化变迁对人的深入影响。只有这样，我们才能长远地理解疫情给人和商业带来的影响，更好地从危机中发现机会。

不只是应对，更需要前瞻。重大的全球性公共事件，让创新更显急迫。要关注人们观念层面的深远改变，要看见趋势，做面向未来的创新。今天我们面对的已经是经济和社会底层持续重构的大平原时代，品牌的意义、品类的角色、产品的价值必然会不断随之改变。在竞争愈发激烈的商业世界，围绕特定问题，寻求基于趋势的前瞻性洞察，推动创新，已经是商业实践者需要具备的新能力。

对青年志来说，成立 12 年来，我们一直陪伴和见证商业品牌和青年文化组织不断成长和创新。我们相信“年轻人驱动改变”，相信趋势指引创新，推动文化与商业变革。趋势不是“研究出来的”，而是一群敏感捕捉到它的人，讲述出来、行动起来、共同推动和创造出来的。

《超感重码：青年趋势与创新启示》一书的顺利出版，在写作成书的过程中离不开一众趋势共建者的支持：

「青年创新生态网络 2020」计划联合发起：

场景实验室

联合趋势观察者 / “青年之选”青年趋势先行者提名计划（2019）提名委员会：

TX 淮海 | 年轻力中心、闲鱼、36kr、BIE 别的、西瓜视频、快手、摩登天空、伍德吃托克、LOFi、自雇自足、WhatYouNeed、公路商店、特赞、三声、真实故事计划，以及更多生态共建者！

除了出版本书，展开常规的商业研究与咨询业务，青年志也于 2020 年 4 月上线“趋势造浪营”社群服务。我们认为，在愈发不确定的商业环境下，企业越需要开放联结，合力形成势能。我们想通过这个社群，聚集青年趋势的观察者、行动者、商业创新者，共感、共谋与共建趋势，并将就年轻人和商业组织共同关注的议题，进行持续的分享、探讨与行动落地。

年轻人驱动改变，趋势驱动商业创新。

We Are Always Growing but Never Grow Old.

图书在版编目（CIP）数据

超感重码：青年趋势与创新启示 / 青年志著. —北京：中国华侨出版社，2020. 10

ISBN 978-7-5113-8270-2

Ⅰ. ①超… Ⅱ. ①青… Ⅲ. ①消费经济学—通俗读物 Ⅳ. ①F014.5-49

中国版本图书馆CIP数据核字（2020）第131310号

● **超感重码：青年趋势与创新启示**

著　　者 / 青年志
责任编辑 / 高文喆
经　　销 / 新华书店
开　　本 / 880毫米×1230毫米　1/32　印张/7.25　字数/320千字
印　　刷 / 北京中献拓方科技发展有限公司
版　　次 / 2020 年 10 月第 1 版　2020 年 10 月第 1 次印刷
书　　号 / ISBN 978-7-5113-8270-2
定　　价 / 88.00元

中国华侨出版社　北京市朝阳区西坝河东里77号楼底商5号　邮编：100028
法律顾问：陈鹰律师事务所
发 行 部：（010）68990646　传　真：（010）68990646
网　　址：www.oveaschin.com　E-mail：oveaschin@sina.con